河南大学文学院出版基金资助出版

汉语双宾构式的历时演化
——从历时构式语法角度研究

王 昕 ◎ 著

中国社会科学出版社

图书在版编目(CIP)数据

汉语双宾构式的历时演化：从历时构式语法角度研究 / 王昕著 . —北京：中国社会科学出版社，2021.8

ISBN 978-7-5203-7997-7

Ⅰ.①汉… Ⅱ.①王… Ⅲ.①汉语—句法—汉语史—研究 Ⅳ.①H146.3-09

中国版本图书馆 CIP 数据核字（2021）第 038278 号

出 版 人	赵剑英
责任编辑	任　明
责任校对	郝阳洋
责任印制	郝美娜

出　　版	中国社会科学出版社
社　　址	北京鼓楼西大街甲 158 号
邮　　编	100720
网　　址	http：//www.csspw.cn
发 行 部	010-84083685
门 市 部	010-84029450
经　　销	新华书店及其他书店
印刷装订	北京君升印刷有限公司
版　　次	2021 年 8 月第 1 版
印　　次	2021 年 8 月第 1 次印刷
开　　本	710×1000　1/16
印　　张	11.5
插　　页	2
字　　数	196 千字
定　　价	85.00 元

凡购买中国社会科学出版社图书，如有质量问题请与本社营销中心联系调换
电话：010-84083683
版权所有　侵权必究

序

　　语言现象调查和语言事实描写是语言学大厦的基石，但不应当是语言学研究的唯一目标。和所有其他门类的科学研究一样，语言学的另一个重要价值是规律的总结和理论的建构。现象调查、事实描写和理论建构相辅相成、互为表里，组成了语言学研究的完整意义。好的语言学理论往往建立在坚实的事实基础上，所以才能对未知事实做出预测和判断。既然事实描写和理论总结的结合才是语言学的完整意义，汉语研究就没有理由偏废其中任何一方面；为语言学理论添砖添瓦，是汉语研究者应有的担当，也才能彰显汉语研究的高度。汉语研究要为普遍理论的建构作贡献，不妨采取"融入"的方式，具体分为三个层次："接触""吸收"和"参与"。接触就是引进，吸收即学习和运用。过去几十年，汉语研究基本上没有超越前两个层次。参与就是从汉语事实出发，结合跨语言现象，对既有理论进行增补和修正，甚至归纳普遍适用的新规律和新方法。这个层次是目前汉语语法化研究最为欠缺的。

　　过去十年，历时构式语法理论方法激发了学者们的极大兴趣，而复合型图式性构式（简为"图式性构式"）的历时演变也逐渐成为一个研究热点。学界的共识是，当务之急是在调查跨语言事实的基础上，逐步地总结出关于图式性构式历时演变的普遍性原则和规律。目前的构式化理论试图以统一的理论模型来刻画图式性构式和实体性构式的演变。这种做法或许不无道理，但一个前提是这两种类型构式的演变规律的确有相当的共性。目前看，这个前提在理论上似乎有讨论的空间，在实证上也没有太多的说服力，亟须跨语言研究的证实或证伪。近年来以汉语图式性构式为观察对象的研究，为这类构式扩展普遍规律的归纳作出了一些贡献，也在一定程度上受到了学界的关注。具体说，这些言语研究没有止步于前面提到融入理论的前两个层次，即接触和吸收，而是有意识地参与了历时构式语法理论的建构，这是十分可喜的现象。王昕博士的专著《汉语双宾构式的历时演化——从历时构式语法角度研究》，正是这批研究成果中的一个。这本专著的基础是王昕在新加坡国立大学的博士学位论文。作为作者博士学习阶段的导师，我很了解这本专著的构思和写作过程，也十分肯定它是汉语研究融入普遍理论的一个有价值的尝试。

王昕博士选择从历时构式语法的视角来讨论汉语双宾构式的发展，是非常有意义的。关于汉语双宾构式的讨论，无论是历时角度还是共时角度，成果都已经十分丰富。拿汉语双宾句的历时研究来说，既有研究的长处和不足都比较明显。长处是语料的挖掘十分充分，分析也比较深入，不足是缺乏能够有效梳理那些丰富而芜杂的语料的理论框架和方法。就我所知，王昕博士的研究是迄今为止唯一用历时构式语法理论对汉语双宾句的历时演变进行重新梳理的，其重心在于作为图式性构式的双宾句形成后的扩展过程，也应该是第一部从构式视角探讨图式性构式历时演变的汉语专著。归纳起来，王昕博士的专著有三个亮点：

首先，这部专著在双宾构式语料调查和分析方面有新意。这种新意，不是着力挖掘新语料、发现新事实，而是以新的视角来审视相关语料和事实。图式性构式是以语义相似性为基础来扩展的［见戈登伯格（Goldberg），2006；拜比（Bybee），2010］。因此，从语义上为双宾构式的具体实例进行多层次（宏观、中观、微观等）的意义分类，形成"构式层级"和"构式网络"，就成了追踪这一图式性构式历时演变轨迹的一个重要步骤。而这种多层次的分类，又反过来使我们对双宾构式的理解从图式性层级到具体实例都更为深入。

其次，作者对历时构式语法理论方法的运用是准确合理的。举个例子，刚才提到，"构式层级"和"构式网络"在王昕的论著里扮演了十分重要的角色。构式层级有纵横两个维度。横向维度刻画的是双宾句的多元性，即不同语义类型的划分；纵向维度反映的是这种构式的图式性层级。两个轴相结合的效用既体现在共时描写上，也体现在历时追溯上。这里的共时描写，指的是双宾构式在任一共时平面上的语义多元性和图式性层级的清晰展示；而历时追溯，则是对不同历时阶段的语义多元性和图式性层级变化的相对完整记录。揭示了双宾构式历时扩展的二维性，即语义类型的增长和图式性层级的提升的互动，也就做到了对这种构式演变的深度刻画。这也正是历时构式语法有别于传统方法的地方。

最后，可贵的是，这本专著没有满足于单纯地运用历时构式语法既有理论来描述汉语双宾句的事实，而是表现出了清楚的回馈理论的意识。如作者指出，不同中观构式的演化在拥有二维循环扩展共同特点的同时又遵循不同的语义脉络，局部的语义语用相似性是类推扩展发生的条件。作者也发现，汉语双宾构式的演化是一个语义语用类推机制下的二维循环扩展过程，而这个统一的趋势下又有一些"意外"，体现为几种"不平衡性"。具体说，"不同的中观构式在类推扩展的过程中原始限制条件的消除有快有慢，共时层面保留的原始限制条件有多有少，具有不平衡性；"同时"构式类推扩展的结果显示构式的准入能力也具有不平衡性。"这些观察是敏锐的，或许是准确、全面把握图式性构式历时演变需要面对的新课题，值得进一步思考。如前所述，类似做法在汉语语言学研究文献里是不多见的。

新理论新方法有这样那样的缺陷在所难免。王昕博士的专著存在的不足，最好是留给读者们去发现和批评。图式性构式历时演变的研究是一个非常新的领域，未知的东西还很多，所以我想趁这个机会提出几个值得着力探讨的课题。不同图式性构式的产生历史有长有短，规模（主要是语义类别的数量）有大有小。图式性构式的规模大小是由什么因素决定的，目前尚无令人满意的解释。图式性构式的扩展呈现多维度、多图式性层级和多时间层次等特征，有必要建构起一个有相当解释里的扩展模型来。一个图式性构式历时地不断扩展，其边界的特征我们尚未开展深入调查。图式性构式的扩展是一个语义稀释的过程，新准入的构例不断偏离构式核心语义特征。大规模图式性构式的边缘构例有可能（但不一定）发生语义变异现象，即产生不同于原构式的语义诠释方式，产生新的图式性构式。一个关键问题是，这种语义变异必须跨越的语义稀释度门槛是什么。汉语双宾构式丰富的历时语料及相对完整的演变脉络，可以是摸索这些未知东西的良好基础。所以，这些课题，或许能够成为王昕博士今后一段时间仍需努力的方向，而如获不同研究者从跨语言立场来共同探讨，必定会极大深化我们对这些问题的理解。

立足汉语事实、运用理论并且回馈理论，将是汉语语言学研究的未来趋势。相信王昕博士能够以这本专著的出版为契机，在学术道路上不断前行，取得更好的成绩。

是为序。

彭 睿

2020 年 11 月 16 日于新加坡

目　录

第一章　绪论 …………………………………………………… (1)
　第一节　研究课题 ………………………………………………… (1)
　第二节　文献综述 ………………………………………………… (2)
　　一　双宾构式的共时研究 ………………………………………… (2)
　　二　双宾构式的历时研究 ………………………………………… (10)
　　三　理论文献综述 ………………………………………………… (13)
　　四　语料来源 ……………………………………………………… (14)
　第三节　章节结构 ………………………………………………… (14)
　第四节　本章小结 ………………………………………………… (16)

第二章　理论框架和研究方法 ………………………………… (17)
　第一节　构式及构式语法理论 …………………………………… (17)
　第二节　基本理论框架 …………………………………………… (21)
　　一　语法化扩展观 ………………………………………………… (21)
　　二　历时构式语法研究 …………………………………………… (22)
　　三　构式化理论 …………………………………………………… (25)
　　四　汉语双宾构式演化的研究方法 ……………………………… (27)

第三章　现代汉语双宾构式的分类及层级结构 ……………… (29)
　第一节　以动词语义为标准的分类 ……………………………… (29)
　第二节　构式的层级结构及示例 ………………………………… (31)
　第三节　现代汉语双宾构式的分类 ……………………………… (31)
　　一　现代汉语"给予"类双宾构式 ……………………………… (32)
　　二　现代汉语"取得"类双宾构式 ……………………………… (35)

三　现代汉语"教示"类双宾构式……………………………………（38）
　　四　现代汉语"称谓"类双宾构式……………………………………（39）
　　五　现代汉语"消除"类双宾构式……………………………………（40）
　　六　现代汉语"亏欠"类双宾构式……………………………………（42）
　　七　现代汉语"处罚"类双宾构式……………………………………（43）
　　八　现代汉语"施加"类双宾构式……………………………………（44）
　　九　现代汉语"致使"类双宾构式……………………………………（44）
　　十　现代汉语"掉落"类双宾构式……………………………………（45）
　　十一　小结……………………………………………………………（46）
第四节　现代汉语双宾构式的层级结构………………………………（46）
　　一　图式性构式的层级划分…………………………………………（46）
　　二　现代汉语"给予"类双宾构式层级结构………………………（46）
　　三　现代汉语"取得"类双宾构式层级结构………………………（47）
　　四　现代汉语"教示"类双宾构式层级结构………………………（47）
　　五　现代汉语"称谓"类双宾构式层级结构………………………（48）
　　六　现代汉语"消除"类双宾构式层级结构………………………（48）
　　七　现代汉语"亏欠"类双宾构式层级结构………………………（48）
　　八　现代汉语"处罚"类双宾构式层级结构………………………（49）
　　九　现代汉语"施加"类双宾构式层级结构………………………（49）
　　十　现代汉语"致使"类双宾构式层级结构………………………（49）
　　十一　现代汉语"掉落"类双宾构式层级结构……………………（50）
第五节　本章结论………………………………………………………（50）

第四章　"给予"类双宾构式的演化…………………………………（52）
第一节　"给予"类双宾构式次类的演化……………………………（52）
　　一　公元前13—前11世纪…………………………………………（53）
　　二　公元前8—前2世纪……………………………………………（54）
　　三　7—13世纪………………………………………………………（56）
　　四　14—20世纪……………………………………………………（57）
第二节　"给予"类双宾构式层级结构的演化………………………（59）
　　一　公元前13—前11世纪"给予"类双宾构式层级结构………（59）
　　二　公元前8—前2世纪"给予"类双宾构式的层级结构………（60）

三　7—13世纪"给予"类双宾构式层级结构 ………………(60)
　四　14—20世纪"给予"类双宾构式层级结构 ……………(61)
　五　演化脉络归纳 ……………………………………………(61)
　六　"给予"类双宾构式中的"V与"和"V给" ………………(62)
第三节　本章结论 …………………………………………………(65)

第五章　"取得"类双宾构式简史 …………………………………(67)
第一节　"取得"类双宾构式次类的演化 …………………………(67)
　一　公元前13—前11世纪 …………………………………(67)
　二　公元前8—前2世纪 ……………………………………(68)
　三　7—13世纪 ………………………………………………(69)
　四　14—20世纪 ……………………………………………(70)
第二节　"取得"类双宾构式层级结构的演化 ……………………(71)
　一　公元前13—前11世纪"取得"类双宾构式层级结构 …(72)
　二　公元前8—前2世纪"取得"类双宾构式的层级结构 …(72)
　三　7—13世纪"取得"类双宾构式层级结构 ………………(73)
　四　14—20世纪"取得"类双宾构式层级结构 ……………(73)
　五　演化脉络归纳 ……………………………………………(74)
第三节　本章结论 …………………………………………………(75)

第六章　"教示"类和"消除"类简史 ………………………………(78)
第一节　"教示"类双宾构式简史 …………………………………(78)
　一　"教示"类双宾构式次类的演化 ………………………(78)
　二　"教示"类双宾构式层级结构的演化 …………………(83)
　三　小结 ………………………………………………………(85)
第二节　"消除"类双宾构式简史 …………………………………(87)
　一　"消除"类双宾构式次类的演化 ………………………(87)
　二　"消除"类双宾构式层级结构的演化 …………………(91)
　三　小结 ………………………………………………………(94)

第七章　基于构式的解释 ……………………………………………(96)
第一节　类推的作用及二维循环扩展 ……………………………(96)

第二节 基于类推的二维循环扩展 ……………………………… (97)
一 构式包容性的扩展 ……………………………………… (97)
二 构式图式性程度的增加 ………………………………… (99)
三 二维循环扩展 …………………………………………… (100)

第三节 汉语双宾构式基于范例的类推扩展 ………………… (101)
一 "给予"类双宾构式的范例及基于动词语义的原始
限制条件 ………………………………………………… (102)
二 "取得"类双宾构式的范例及基于动词语义的原始
限制条件 ………………………………………………… (107)
三 "教示"类双宾构式的范例及基于动词语义的原始
限制条件 ………………………………………………… (111)
四 "消除"类双宾构式的范例及基于动词语义的原始
限制条件 ………………………………………………… (114)

第四节 基于语义相似性的类推扩展与语义强制性 ………… (118)
一 "给予"类双宾构式的类推扩展与语义强制性 ……… (119)
二 "V与"类和"V给"类双宾构式的语义强制性 …… (123)
三 "取得"类双宾构式的类推扩展与语义强制性 ……… (125)
四 "教示"类双宾构式的类推扩展与语义强制性 ……… (127)
五 "消除"类双宾构式的类推扩展与语义强制性 ……… (130)

第五节 汉语双宾构式演化中的原始限制条件 ……………… (132)
一 "给予"类双宾构式的原始限制条件 ………………… (132)
二 "取得"类双宾构式的原始限制条件 ………………… (133)
三 "教示"类双宾构式的原始限制条件 ………………… (133)
四 "消除"类双宾构式的原始条件 ……………………… (134)

第六节 本章结论 ……………………………………………… (135)

第八章 结论及余论 ………………………………………………… (137)
第一节 结论 …………………………………………………… (137)
一 汉语双宾构式的后构式化演化 ………………………… (137)
二 汉语双宾构式后构式化演化的内部差异 ……………… (140)

第二节 余论 …………………………………………………… (141)
一 相似性与类推扩展 ……………………………………… (141)

二　原始限制条件限制影响范围的不平衡性 ………………（143）
　　三　后构式化演化中准入能力的不平衡性 …………………（146）
　　四　小结 …………………………………………………………（147）
第三节　本书的贡献及未充分讨论的问题 ……………………（147）
　　一　主要贡献 ……………………………………………………（147）
　　二　未充分讨论的问题 …………………………………………（148）

中文参考文献 ………………………………………………（150）

英文参考文献 ………………………………………………（160）

后　记 ………………………………………………………（166）

表格统计一览

表 1　现代汉语"给予"类双宾构式的分类 ……………………（34）
表 2　现代汉语"取得"类双宾构式的分类 ……………………（38）
表 3　现代汉语"教示"类双宾构式的分类 ……………………（39）
表 4　现代汉语"称谓"类双宾构式的分类 ……………………（40）
表 5　现代汉语"消除"类双宾构式的分类 ……………………（42）
表 6　现代汉语"亏欠"类双宾构式的分类 ……………………（43）
表 7　现代汉语"处罚"类双宾构式的分类 ……………………（43）
表 8　现代汉语"施加"类双宾构式的分类 ……………………（44）
表 9　现代汉语"致使"类双宾构式的分类 ……………………（45）
表 10　现代汉语"掉落"类双宾构式的分类 ……………………（45）
表 11　甲骨文时期"给予"类双宾构式的构成 …………………（53）
表 12　春秋战国时期"给予"类双宾构式的构成 ………………（54）
表 13　唐宋时期"给予"类双宾构式的构成 ……………………（56）
表 14　近代汉语"给予"类双宾构式的构成 ……………………（58）
表 15　"给予"类双宾构式演化脉络 ……………………………（61）
表 16　"给予"类双宾构式各新语义类别出现年表 ……………（65）
表 17　现代汉语"给予"类双宾动词 ……………………………（66）
表 18　甲骨文时期"取得"类双宾构式的构成 …………………（67）
表 19　春秋战国时期"取得"类双宾构式的构成 ………………（68）
表 20　唐宋时期"取得"类双宾构式的构成 ……………………（69）
表 21　近代汉语"取得"类双宾构式的构成 ……………………（70）
表 22　"取得"类双宾构式演化脉络 ……………………………（74）
表 23　"取得"类双宾构式各新语义类别出现年表 ……………（75）
表 24　现代汉语"取得"类双宾动词 ……………………………（77）

表 25	甲骨文时期"教示"类双宾构式的构成	(79)
表 26	春秋战国时期"教示"类双宾构式的构成	(79)
表 27	唐宋时期"教示"类双宾构式的构成	(80)
表 28	近代汉语"教示"类双宾构式的构成	(82)
表 29	"教示"类双宾构式演化脉络	(85)
表 30	"教示"类双宾构式各新语义类出现年表	(85)
表 31	春秋战国时期"消除"类双宾构式的构成	(88)
表 32	唐宋时期"消除"类双宾构式的构成	(88)
表 33	近代汉语"消除"类双宾构式的构成	(89)
表 34	"消除"类双宾构式演化脉络	(93)
表 35	"消除"类双宾构式各新语义类别出现年表	(94)
表 36	现代汉语"教示"类双宾动词	(95)
表 37	现代汉语"消除"类双宾动词	(95)
表 38	各时期"给予"类常用双宾动词统计表	(103)
表 39	"给予"类双宾动词原始限制条件	(104)
表 40	"给予"类双宾构式原始限制条件变化对照	(104)
表 41	各时期"取得"类常用双宾动词统计	(108)
表 42	"取得"类双宾动词原始限制条件	(108)
表 43	"取得"类双宾构式原始限制条件变化对照	(109)
表 44	各时期"教示"类常用双宾动词统计表	(111)
表 45	"教示"类双宾动词原始限制条件	(112)
表 46	"教示"类双宾构式原始限制条件变化对照	(112)
表 47	各时期"消除"类常用双宾动词统计表	(115)
表 48	"消除"类双宾动词原始限制条件	(115)
表 49	"消除"类双宾构式原始限制条件变化对照	(116)

插图一览

图 1　戈登伯格（1995）双宾构式多义性图示 ……………………（5）
图 2　克罗夫特（2001）构式的形式—意义组 ……………………（19）
图 3　构式层级示例 ………………………………………………（31）
图 4　现代汉语双宾构式宏观构式及其中观Ⅰ图示 ………………（46）
图 5　现代汉语双宾构式中观Ⅰ"给予"类层级结构图示 …………（47）
图 6　现代汉语双宾构式中观Ⅰ"取得"类层级结构图示 …………（47）
图 7　现代汉语双宾构式中观Ⅰ"教示"类层级结构图示 …………（47）
图 8　现代汉语双宾构式中观Ⅰ"称谓"类层级结构图示 …………（48）
图 9　现代汉语双宾构式中观Ⅰ"消除"类层级结构图示 …………（48）
图 10　现代汉语双宾构式中观Ⅰ"亏欠"类层级结构图示 ………（48）
图 11　现代汉语双宾构式中观Ⅰ"处罚"类层级结构图示 ………（49）
图 12　现代汉语双宾构式中观Ⅰ"施加"类层级结构图示 ………（49）
图 13　现代汉语双宾构式中观Ⅰ"致使"类层级结构图示 ………（49）
图 14　现代汉语双宾构式中观Ⅰ"掉落"类层级结构图示 ………（50）
图 15　甲骨文时期"给予"类双宾构式层级结构 …………………（59）
图 16　春秋战国时期"给予"类双宾构式层级结构 ………………（60）
图 17　唐宋时期"给予"类双宾构式层级结构 ……………………（60）
图 18　近代汉语"给予"类双宾构式层级结构 ……………………（61）
图 19　现代汉语"给予"类双宾构式中观Ⅰ层级结构及其在宏观
　　　　构式中的位置 ……………………………………………（62）
图 20　甲骨文时期"取得"类双宾构式层级结构 …………………（72）
图 21　春秋战国时期"取得"类双宾构式层级结构 ………………（72）
图 22　唐宋时期"取得"类双宾构式层级结构 ……………………（73）
图 23　近代汉语"取得"类双宾构式层级结构 ……………………（73）

图 24 现代汉语"取得"类双宾构式中观 I 层级结构及其在宏观
       构式中的位置 ………………………………………………（74）
图 25 甲骨文时期"教示"类双宾构式层级结构 ………………（83）
图 26 春秋战国时期"教示"类双宾构式层级结构 ……………（84）
图 27 唐宋时期"教示"类双宾构式层级结构 …………………（84）
图 28 近代汉语"教示"类双宾构式层级结构 …………………（85）
图 29 现代汉语"教示"类双宾构式中观 I 层级结构及其在宏观
       构式中的位置 ………………………………………………（86）
图 30 春秋战国时期"消除"类双宾构式层级结构 ……………（91）
图 31 唐宋时期"消除"类双宾构式层级结构 …………………（92）
图 32 近代汉语"消除"类双宾构式层级结构 …………………（92）
图 33 现代汉语"消除"类双宾构式中观 I 层级结构及其在宏观
       构式中的位置 ………………………………………………（93）
图 34 "给予"类双宾构式原始限制条件变化 …………………（106）
图 35 "取得"类双宾构式原始限制条件变化 …………………（110）
图 36 "教示"类双宾构式原始限制条件变化 …………………（113）
图 37 "消除"类双宾构式原始限制条件变化 …………………（117）

第一章

绪　论

第一节　研究课题

本书有两个研究目标。第一，探讨汉语双宾构式相对比较完整的历时演化过程。第二，归纳汉语双宾构式演化的规律和特点，并在此基础上进一步探讨完全图式性构式的演化规律，讨论基于构式化（constructionalization）理论研究完全图式性构式历时演化的可行性，并对其进行理论上的补充。

本研究的选题原因归纳如下：

第一，汉语双宾构式的已有研究非常丰富，但大多是共时研究，多集中于分类描写、标准判定等。历时角度的研究较少，基本都是局限于某一个特定历史时期的研究，汉语双宾构式完整的演化过程还未见有人基于某语言学理论进行讨论。

第二，从构式语法理论的角度探讨图式性构式的演化是一个很有理论价值的课题。传统语法化理论、构式语法理论以及最新的构式化理论近几年来也都对这个课题进行了非常有益的探索。但是，现有的研究多为讨论半图式性构式的语法化如特劳戈特（Traugott）（2008a，b）、特劳斯代尔（Trausdale）（2008）、诺埃尔（Noël）（2007）、特劳戈特和特劳斯代尔（2013）等。根据构式语法理论汉语双宾构式是一个完全图式性的构式。完全图式性构式的历时研究是构式语法理论尚未充分讨论的一个问题，近年来开始引起学者们的关注，相关研究如彭睿（Peng）（2013）、彭睿（2016，2019）等。完全图式性构式的演化规律、特点、性质等问题尚未解决，很有理论价值。

第三，汉语双宾构式是一个非常合适的研究对象。与已有的图式性构式文献的研究对象相比较，它历史长资料丰富，给我们提供了一个更加完整的演化过程。这无论从汉语历时构式研究的角度来讲还是从历时构式语法理论（构式化理论）来讲都是很有价值的。

第二节 文献综述

下面我们将对有关双宾构式的西文和中文文献进行综述。[①] 具体来讲包括共时研究和历时研究两部分。共时部分主要综述双宾构式的分类研究，历时方面主要是综述双宾构式的历时变演变研究。为保持书中内容的一致性，文献中相关概念，如"双宾语""双宾语句""双宾结构"等，我们统一表述为"双宾构式"。

一 双宾构式的共时研究

（一）双宾构式和双宾语的界定

叶斯柏森（Jespersen）（1927）区分了双宾构式的间接宾语和与格构式的介词宾语。作者认为介词的使用取消了间接宾语。他还认为尽管双宾构式和与格构式在意义上有一致的部分但是在语法上并不相同。介词宾语是另外一种句法关系，具有不同的语义语用功能。比如介词宾语有强调功能如 *He gave it to him, not to her*，或在名词过于复杂间接宾语不可用时使用如 *He gave it to the man in the brown suit standing near the flower-shop* 等。与 Jespersen 持相同观点的学者还有弗莱斯（Fries）（1957），齐夫（Ziv）和沙因图赫（Sheintuch）（1979）等。哈德森（Hudson）（1991）对直接宾语和间接宾语的句法的特点和遵循的规则进行了分析对

[①] 虽然有可借鉴之处，但由于方法理论上的根本性区别本节将不对转换生成语言学的相关研究言学的相关研究进行详细综述。生成语言学理论多讨论双宾构式和与格构式的关系。如拉尔森（Larson）(1988，1990) 基于卡茨-波斯特假设（Katz-postal Hypothesis），运用空语类理论讨论了英语双宾构式（double objectconstruction）和与格构式（dative construction），认为它们拥有相同的深层结构且与格构式是双宾构式的源式。杰肯道夫（Jackendoff）（1990）认为与格构式和双宾构式的意义不同，是两个不同的句型，二者不存在衍生关系，比较接近构式语法的立场。顾阳（1998）基本接受了拉尔森的观点，认为现代汉语双宾构式是由与格构式衍生而来的，现代汉语只有"给予"类和"夺取"类这两种双宾构式的次类。满在江（2003，2004），详细分析了与格构式和双宾构式的衍生关系，还总结出现代汉语双宾构式应具备的三个条件。

比，从中我们也可以看出间接宾语和介词结构的不同。夸克（Quirk）等（1985）用变换分析法区别了间接宾语和介词短语，把通过变换分析产生的差异称为结构之间的系统性对应。

吉冯（Givón）(1993) 对间接宾语的理解与上述观点有所不同。作者把传统意义上的修饰词或状语归为间接宾语，如 *to his wife*、*on the beach*。他认为类似 *John gave Mary the book* 的结构不含间接宾语。句中的 *Mary* 是一个与格受益宾语（dative-benefactive object）经过提升（promotion）成为一个直接宾语，受事 *the book* 则被降级（demoted）用在了从句（clause）最后。作者得出英语是 "VP+DO+IO" 语序语言的结论，当两种宾语同时出现时直接宾语在前。基于这样的观点使他认为类似 *They elected him president* 这样的句子有两个直接宾语。

戈登伯格（Goldberg）(1995) 认为双宾构式允许两个非谓词性的名词直接出现在动词之后。作者还认为双宾语构式有一个典型的特定语义结构。这个语义结构有一个中心意义：施动者和意愿上的受事者之间的成功传递。

汉语学界对双宾构式的定义有代表性的如下。《马氏文通》认为"教、告、言、示"等动词可以有两个"止词"，即宾语。"双宾语"作为一个语言学术语最早是黎锦熙（1955）明确提出。① 他认为"送、寄"这样的动词可以表示人与人及人格化事物之间的事物交接，可以带两个名词作宾语叫双宾语，这个观点为多数语法学家所沿用。汉语语言学界对双宾构式的定义较有代表性的是朱德熙（1982），作者认为双宾构式指一个述语后边接连出现两个宾语，他把这两个宾语分别称为近宾语和远宾语。持相似观点的还有李临定（1984）、马庆株（1983）等。

张伯江（1999）从构式语法理论的角度对汉语双宾构式进行了探讨。作者赞同戈登伯格（1995）的观点，首次使用了"双及物式"（即双宾构式）的术语。他认为双宾构式是一个放射性的典型范畴，根据构式意义的抽象性和整体性把双宾构式概括为：在形式为 A+V+R+P 的句式里，施事者有意地把受事转移给接受者，这个过程是在发生的现场成功地完成的。

构式语法认为所有语言结构都是构式［克罗夫特（Croft, 2001）］，

---

① 另有学者，如徐志林（2010）认为是杨树达在其著作《高等国文法》首先提出。

都可以归纳出一个形式与意义的组配。从构式的角度出发我们认为，所有形式上为 SVO_1O_2 且具有"导致某种转移发生"意义的汉语句式都是汉语双宾构式。汉语双宾构式应该既包括基本上没有多少争议给予类，也包括颇具争议的夺取类，应该包括公认三价动词构成的双宾构式，也应该包括二价动词构成的双宾构式。另外，一些双宾结构的惯用语如"你赏我个脸吧"，以及没有实体转移物的双宾句如"音乐给了我灵感"也应该属于双宾构式。马庆株（1983）认为较宽泛的界定标准便于比较和描写，况且类与类之间有交叉现象，界限并非总是那么严格。现代汉语双宾构式是一个完全图式性的构式，经过了很长的历时演化，还在一直演变中，不可能各方面特征都整齐划一。它应该由一定数量核心和非核心的类构成，各类之间的差异以及一个类内部小类和个体之间语义特点的不同都是在演化过程中形成的。

我们之所以这样界定是因为现代汉语双宾构式是汉语双宾构式历时演化的一部分，而构式的演化具有扩展的趋势。希梅尔曼（Himmelmann）（2004）认为语法化的过程存在三种扩展效应：构成项的扩展（host-class expansion），句法的扩展（syntactic expansion）和语义语用的扩展（semantic-pragmatic expansion），这种扩展效应已经得到了比较充分的论证。构式化的研究继承了扩展效应的观点。构式语法理论还给从历时角度考察构式的发展提供了一个有效的框架。现代汉语双宾构式是完全图式性的构式，从理论上来讲在演化过程中也会产生扩展的趋势并产生语义类的多样性。

（二）构式语法理论的双宾构式分类

戈登伯格（1995）对英语双宾构式的论述是作者构式语法理论的重要论据之一。作者认为构式表示与人类经验有关的重要情景，是语言系统中的基本单位。构式涵盖的范围很广，任何一个构式都是形式和意义的组配。作者通过对双宾构式的研究发现构式在拥有一个中心意义的同时又具有多义性，是一组相关的意义和一个形式的组配，不同的意义来源于隐喻产生的扩展。戈登伯格（1995）在双宾构式多义性的论述中也对构式进行了分类。作者对双宾构式的内部构成进行了详细论述，认为双宾构式由包括中心意义"施事成功地使接受者收到受事"在内的六种语义相关的次类组成，其他五种非中心意义的双宾构式来源于隐喻导致的扩展。

作者还进一步对每一种双宾构式进行了更细致的分类，最终得到九个小类，具体分类见图 1。通过观察可以发现作者的构式类别是以动词语义以及以动词语义为核心的构式意义为标准。本书对汉语双宾构式进行分类也将采取相同的方法。但是，戈登伯格（1995）并没有从历时角度探讨多义性出现的原因，而共时平面存在的较大规模的构式多义性不太可能全部形成在共时平面，这是该研究的一个不足之处。

E. 施事使接受者可能收到受事
许可义动词:准许（permit）、允许（allow）

F. 施事打算使接受者收到受事
制作义动词:烘烤（bake）、制造（make）、建造（build）、煮（cook）、缝（sew）、编织（knit）
得到义动词:霸占（grab）、赢得（win）、赚取（earn）

D. 施事的行为使接受者将要收到受事
将要转移义动词:留下（leave）、遗赠（bequeath）、预订（reserve）、授予（grant）

A. 中心意义：施事成功的使接受者收到受事

固有给予义动词:给（give）、传递（pass）、交给（hand）、供应（serve）、喂养（feed）

瞬时冲击义动词:扔（throw）、拍（slap）、踢（kick）、刺（poke）、抛（fling）、射（shoot）

定向持续义动词:带来（bring）、拿去（take）

B. 条件隐含了施事使接受者收到受事
义务转移义动词：保证（guarantee）、许诺（promise）、欠（owe）

C. 施事使接受者不能收到受事
拒绝义动词:拒绝（refuse）、驳回（deny）

图 1　戈登伯格（1995）双宾构式多义性图示

（三）现代汉语双宾构式和双宾动词的类

汉语学者对双宾构式的类别的确定因标准不同而有所不同。判定标准较严的以吕叔湘（1982）、朱德熙（1982）为代表，前者根据动词的语义将现代汉语双宾构式分为给予类和索取类，后者分为给予类、取得类和等同类三类。持类似观点的还有赵元任（1979）、丁声树（1961）。评定标准较宽的学者以马庆株（1983）为代表，作者把动词的语义特征和动词后两个宾语的语义特征相结合对现代汉语双宾构式进行分类，得到14个小类，包括给予类、取得类、准予取类、表称类、结果类、原因类、时机类、交换类、使动类、处所类、度量类、动量类、时量类、虚指宾语等。但作者自己也承认他的这种分类方式并不完美，这么做目的是便于比较和描写，缺点是各个类别之间存在交叉现象，没有清晰的界限。这也是目前给现代汉语双宾构式划分类别最宽泛的一种做法，对后续研究产生了很大的影响。李临定（1984）也对双宾构式进行了详细的分类，包括给、送、拿、吐、吓、问、托、叫、欠、限、瞒、隔、V给、动词短语、习惯语等。上述研究对双宾构式进行了详细的描写，给后来的研究打下了基础。但作为以形式特征为依据的结构主义研究在对双宾构式进行分析时，却不能脱离动词的意义及语义关系来进行分类。并不是说用语义分类有何不妥，我们认为这恰恰反映了对双宾构式的研究本就不能脱离语义基础，而由于结构主义方法的局限性使研究陷入了两难境地。

配价语法理论的双宾构式研究基于动词以及动词论元数目进行研究。由于动词在汉语双宾构式中处于核心位置，所以与动词相关的论元数目与双宾构式的构成及其特点直接相关，因此以动词论元数目为中心的配价理论在研究揭示双宾构式的特点方面较为有效。杨宁（1986）认为三价动词可以有三个支配成分是双宾构式形成的根源，作者还对三价动词进行了较详细的分类。张国宪、周国光（1997）对索取类动词的配价进行了详尽的分析，认为索取类动词至少有三个事件角色，作者还对其进行了分类，最后得出三价索取动词各小类进入双宾构式的选择限制。陆俭明（2002）运用语法动态性和广义配价模式理论论证了索取类动词构成双宾构式的合理性。

20世纪80年代转换生成语法被引入汉语学界之后学者们开始运用生成语法来对双宾构式进行研究。顾阳（1998）区分了与格构式和双宾语构式，作者还探讨了两者的衍生关系，认为汉语双宾构式是由与格构式衍生出来的，同时还认为只存在给予类和夺取类两种双宾构式。徐杰（1999，2004）运用生成语法理论对"打碎了他四个杯子"进行了分析研究，得出了"他"只能是宾语的结论并把这种结构归为双宾语构式下的一个小类。满在江（2003，2004）的研究得到了三个现代汉语双宾构式应具备的条件，同时他还详细分析了与格构式和双宾构式的生成关系。另外，作者还运用生成语法理论对索取类动词进行了探讨。

从认知语言学和构式语法的角度对双宾构式进行的研究成果比较丰富。沈家煊（1999）把句式看成一个认知上的完形，其整体意义是认知的反应，所以会受到各种基本认知原则的支配。沈家煊（2000）在戈登伯格（1995）构式观念的基础上进一步提出句式与动词相结合的办法。作者认为句式有其整体意义和独立的配价，他从认知模型的角度描写动词的词义，从而说明如"扔、吃"这样的二价动词在双宾构式里如何跟三个名词性成分发生联系。张伯江（1999）从构式语法理论的角度进行分析研究，首次使用了术语"双及物式"。作者根据构式意义的抽象性和整体性把双及物结构的典型特征概括为："在形为 A+V+R+P 的句式里，施事者有意地把受事转移给接受者，这个过程是在发生的现场成功地完成的。"这份研究还认为双及物式是一个放射性的典型范畴，因此不能把狭义的给予义和给予义双及物式的句法特点当作界定双及物式的充要条件，他认为汉语里存在若干不同类型的双及物式，它们是通过隐喻和转喻等引申机制产生的。

（四）古代汉语双宾构式的分类

古代汉语双宾构式的研究主要集中在双宾构式的分类描写方面。文献主要包括古代汉语双宾构式的专题研究和古代汉语语法研究中的双宾构式内容。

首先，古代汉语双宾构式专题研究。管燮初（1986）以句法结构特点为标准对甲骨文中能通读的 157 个双宾构式进行了归纳，共得到四类。作者还发现此时的双宾动词多为祭祀动词。张军、王述峰（1986）将古代汉语的双宾构式分为授受义、问告义、称谓义、任命义、处置义、使动义、为动义七种类型。姜汉椿（1990）对《左传》中的双宾构式进行考察，归纳出三类，包括与取义、教示义和一般及物动词构成的双宾构式。这份研究还讨论了谓之名、夺之名和为之名双宾构式。相宇剑（2003）对《左传》中的双宾构式进行了更加细致的分类考察。作者共得到一般双宾构式、特殊双宾构式和准双宾构式 3 个大类，每个大类各 4 小类共 12 类。时兵（1999）讨论了双宾构式的起源和结构类型。作者根据动词语义和动词与宾语的语义关系把双宾构式分为给予类、取得类、教示类、称谓类、处置类和致动类六种类型。石琳（2005）考察了 32 部三国佛经。作者对其中的双宾构式进行了全面地调查描写，把考察到的112个双宾动词划分为一般类型和特殊类型。前者包括授给类、取得类、告示类和称谓类，后者为放置类。这份研究还运用配价理论对双宾动词和两个宾语的关系进行了探讨，此外还对先秦两汉文献和三国佛经中的双宾动词进行了比较。张勇（2010）对甲骨文中包含非祭祀动词的双宾构式进行了详细地描写，他的研究还涉及从甲骨文到先秦传世典籍中的双宾动词和句型变化。喻遂生（2002）、贾燕子（2009）等也对甲骨文双宾构式进行了考察。

其次，古代汉语语法研究中的双宾构式内容。杨伯峻、何乐士（2001）以动词和宾语之间的语义关系为标准把古代汉语双宾构式分为7类，包括给予类、教示类、作为类、夺取类、致使类、含处所宾语和含数量宾语。他们还进一步考察了两个宾语的语序特点。何乐士（2005）的《史记》语法研究也涉及了双宾构式。廖振佑（1979）把双宾构式分为正双宾构式和准双宾构式两类。作者认为正双宾构式的双宾动词根据意义可分为20个小类，准双宾构式的双宾动词可分为使动类和为动类。郭万青（2008）发现《国语》中有双宾构式用例103个，双宾动词22个，这个研究还归纳出给予类、教示类和致使类三个类别。张玉金（2001）考察了甲骨文中的双宾构式。作者先按照动词的语义特点区分出祭祀动词和非祭祀动词构成的双宾构式，然后按照句法结构特点进行分类讨论。作者把非祭祀动词构成的双宾构式分成宾语语序不同的两类，把祭祀动词构成的双宾构式也分成两类，然后再对每类再进行分类讨论，最终得到结构特点不同的双宾构式11类。此外作者还对三宾语的情况进行了考察。张玉金（2004）运用配价理论讨论了西周汉语中三价动词和二价动词构成的双宾构式。作者归纳出四类三价动词构成的双宾构式，包括给予义、夺取义、告示问讯义和称说义。作者判定双宾构式的标准以意义为主，没有考虑形式特点。如疑问代词作直接宾语和代词在否定句中作宾语时要前置，这时所谓的两个宾语分别处于三价动词两侧，但作者仍把它们视为双宾构式。这份研究考察到二价动词17个并按照动宾语义关系分为使动、为动、因动、对动、在动五类。李佐丰（2004）对秦代出土文献进行语法研究时发现一部分"真他动词"和"准他动词"可以带两个宾语构成双宾构式。真他动词就是及物动词，准他动词是具有不及物动词某些特点的及物动词。作者共考察到双宾动词30余个并对13个较常见的双宾动词进行了数据统计。这份研究根据动词语义把双宾构式分成了5类,分别以动词与、告、为、饮、谓为代表。另外,作者还发现95%的人名作定语时后边要加"之"余下的5%也都可以解释,因此"人名+名词"是双宾语的典型结构。绝大多数第三人称"之"用作宾语,因此"之+名"不是偏正结构"动+之+名词"是双宾构式。刘海平(2009)对《史记》中的双宾构式进行考察时详细描写了直接宾语和间接宾语的语序特点。作者还进行了一些有益的历时考察,他认为间接宾语在前的双宾构式一直都处于主要地位,直接宾语在前的用法在历史上呈现逐渐消失的趋势。郑继峨(2004)探讨了甲骨文中的双宾构式,作者指出甲骨文卜辞与后世文献的不同点是卜辞中包含非祭祀动词的双宾构式是延续到现在的给予式结构,祭祀动词带双宾语表示为某事或某人向祖先某或用某牲来祭祀。学者们进行的其他类似有益的研究还有沈培(2010)、贾燕子(2003)、郑绍林(2010)、魏德胜(2000)等,此处不再赘述。

这些研究对古代汉语双宾构式和双宾动词进行了详细的归纳和分类。虽然所得到的类别和命名不完全一致,但对主要类别的归纳基本相同。这给我们深入探讨汉语双宾构式的历时演化提供了丰富的材料。

总结以上所有分类研究可以发现,大多分类是以动词语义为标准。但是,具代表性的一些较为细致的分类没有能够坚持分类标准的一以贯之,如马庆株(1983)和李临定(1984)。还有一些研究没有统一固定的双宾构式形式标准,如张工金(2001,2004)。这不符合本书分类的标准和对构式的定义。我们的研究将以构式语法理论为依据,借鉴戈登伯格(1995)以及上述已有文献双宾构式的分类对汉语双宾构式进行分类。

(五)现代汉语方言双宾构式研究

现代汉语方言双宾构式的研究多为构式和双宾动词的分类描写,取得了丰硕的成果。同古代汉语文献综述部分类似我们也把方言文献分为两个部分:方言双宾构式专题研究和方言研究中的双宾构式内容。

方言双宾构式的专题研究一般都对特定方言的双宾构式进行全面的句法描写并归纳双宾构式或双宾动词的类别。汪国胜(2000)考察了大冶方言的双宾构式,汪化云(2003)考察了黄冈方言中的双宾构式,孙叶林(2004,2008)分别考察了邵阳方言和湖南湘语中的双宾构式,陈莉琴(2009)考察了赤壁方言中的双宾构式。其中孙叶林(2004)、陈莉琴(2009)还分别进行了历时考察。还有一些方言双宾构式专题研究就某一问题对汉语方言进行了较全面地归纳比较。陈淑梅（2001）对汉语方言带虚词的特殊双宾构式进行了讨论。作者分析了不同方言双宾构式中的介词，归纳了此类介词的方言分布。邢福义（2008）归纳分析了已有的方言双宾构式研究，发现方言和普通话的双宾构式既有对立又有交叉，得出了双宾构式具有"析离性"的结论。林素娥（2008）对南方方言多存在倒置双宾构式的特点进行了讨论，归纳了当前对这种结构特点来源的三种解释，包括继承、省略和原生。

方言研究中涉及的双宾构式内容也是汉语方言双宾构式研究的重要文献。李如龙、张双庆（1997）对苏州、金华、休宁、泰和、汕头、福州、连成、安义、梅县、香港等方言区的动词谓语进行描写时涉及了方言双宾构式的句型特点。黄伯荣（1996）描写了甘肃临夏、河南罗山和新县、湖北鄂东和武汉、江苏淮阴等地的双宾构式的特点。项梦冰（1998）对连城客家话双宾构式进行了描写。邓思颖（2003）运用参数理论讨论了广东话的特殊双宾构式，并对其来源与形成原因进行了分析。另外还有一些从类型学角度进行的研究如刘丹青（2001）等。

二　双宾构式的历时研究

已有的双宾构式历时研究并不丰富。相关的西文文献研究多关注语序和宾语的格，对于汉语的研究借鉴不大，因此不作为回顾重点。中文文献多对古代汉语某个历史时期的双宾构式和双宾动词的类别进行描写，以及对不同历史时期双宾构式、双宾动词的特点进行比较。这些研究基本没有把双宾构式的整个发展过程作为研究对象，也未见从理论出发进行的研究。

（一）英文文献

维瑟（Visser）（1963）发现语音变化导致中古英语名词尾的格标记脱落，形式上的区别消失，所以这时确定英语双宾构式时要依赖语境和具体情况（名词具体的语义特征等），这也是直接宾语和间接宾语句法位置逐渐固定的原因。弗内曼（Vennemann）（1974）发现古英语中的直接宾语和间接宾语用不同的格标记来区分，还发现英语中有一部分双宾构式有对应的用介词表达的方式。这份研究认为这种表达方式的出现来源于双宾构式的广泛使用，是一个语言演变的普遍规律。里萨宁（Rissanen）（2000）研究发现在英语中当直接宾语和间接宾语用格标记区分时直接宾语和间接宾语的顺序就不那么重要了。

(二) 中文文献

周迟明（1964a，b）是较早对古代汉语双宾构式进行历时研究的文献。周迟明（1964a）开篇就点明了双宾动词在研究中的关键作用，然后作者做了两个重要的区分。第一是双宾构式包括基本式和发展式，作者认为"主语+谓语（双宾动词）+间接宾语+直接宾语"语序的是基本式，其他不同句法结构的都是发展式。这份研究讨论了基本式和发展式的演化过程，还对不同时期发展式的特点进行了比较。第二是以汉代为界把古代汉语双宾构式的发展分成了两个阶段，即殷代到汉代和汉代以后两个阶段。作者发现双宾构式基本式从古至今一直保持"主语+谓语（双宾动词）+间接宾语+直接宾语"的格式。作者认为发生变化的是发展式，发展式在两个时期有不同变化。第一个时期的发展式包括三种，"主语+谓语+直接宾语+（于/於）+间接宾语""主语+以+直接宾语+谓语+间接宾语"和"主语+以+直接宾语+谓语+于/於+间接宾语"，特点是需要用不同的介词引出其中一个宾语。第二个时期的发展式经过历史演化变成了另外三个，"主语+谓语+直接宾语+给+间接宾语""主语+把+直接宾语+谓语+间接宾语"和"主语+把+直接宾语+谓语+给+间接宾语"。这个过程中还存在从"於"到"与"最后到"给"的替换和从"以"到"把"的替换。另外，作者还探讨了双宾动词和双宾构式复化的趋势。这份研究从历时角度探讨梳理了双宾构式的一些历史变化，是已有文献中最早比较系统的探讨。但作者的探讨不够深入，只是对不同时期与双宾构式相关的不同用法进行描写。

贝罗贝（1986）从历时角度讨论了汉语双宾构式从汉代至唐宋的变化。作者首先对现代汉语双宾动词进行分类，认为存在"本义与格"（"给予"和"取得"类）和"延伸与格"（如制作类动词）两类。然后作者对现代汉语和先秦时期存在的双宾构式的基本形式进行归纳。作者认为现代汉语存在五种，分别是："动词+间接宾语+直接宾语""动词+介词'给'+间接宾语+直接宾语""动词+直接宾语+介词'给'+间接宾语""介词'给'+间接宾语+动词+直接宾语"和"'把'+直接宾语+动词+介词'给'+间接宾语"。先秦存在四种，分别是："动词+间接宾语+直接宾语""动词+直接宾语+于（於）+间接宾语""以+直接宾语+动词+间接宾语"和"动词+直接宾语+间接宾语"。这份研究把双宾构式的发展分为五个阶段比较细致，五个阶段为先秦、汉代、魏晋南北朝、唐宋和宋末至清。作者以先秦时期存在的四种基本格式为对比参照物考察了从汉代至清代各个时期新结构的产生和旧结构的消亡。主要变化有，汉代时出现了新结构"动$_1$+动$_2$+间接宾语+直接宾语"，且在东汉时"动$_2$"统一化为"与"的过程已经开始。魏晋南北朝时期出现了另外一个新的结构"动$_1$+直接宾语+动$_2$+间接宾语+直接宾语"，作者认为这个时期"动$_2$"的统一化程度已经比较高，"与"作为"动$_2$"已经很常见。这还导致"动$_1$"在新结构中的语义类出现扩展。唐宋时期作者主要关注的是"动$_2$"专一化为"与"并发展成介词的过程，这个时期出现了两个新的结构"与+间接宾语+动词+直接宾语"和"把（将）+直接宾语+动（与）+间接宾语"。唐宋之后没有出现新的结构，但是其他变化仍然在发生。如"与+间接宾语+动词+直接宾语"结构中动词的语义类产生扩展，出现了介词"给"对介词"与"的非强制性替代等。这份研究从历时演化的角度关注到了不同时期与汉语双宾构式相关的重要的变化。

贝罗贝（1986）和周迟明（1964a，b）的研究没有在形式方面对双宾句式进行明确的定义，都把没有先后紧邻出现的宾语也看成双宾语，不符合本书构式是形式与意义组配的基本定义。

刘宋川（1998，1999）对先秦时期具有代表性的15份文献中的双宾构式进行了全面考察。他根据动词语义将其分为八个类别，包括：给与类、取得类、告示类、称谓类、为动类、使动类、与动类、处置类。作者分析了它们的结构和语法特点，还对双宾构式和双宾动词做了详细的数据统计。刘宋川（2001）运用同样的研究方法对两汉8份文献中的双宾构式进行了考察研究和数据分析，并对先秦和两汉时期的双宾构式进行了数据比较。刘宋川的几份文献在整体上形成了一个基于历时描写的对比研究。

其他相关文献如邵永海（1990）根据动词语义和动词与宾语的语义关系把双宾构式分为七类，包括：授与类、告语教示类、称谓类、工具类、为动类、结绝类和受取类。作者归纳了上古典籍中的双宾动词然后进行对比，探讨不同时期双宾动词的变化。钱乃荣（2003）对上海方言授受类双宾构式的结构进行了历时考察。时兵（2007）也对上古汉语进行了研究，这份研究借鉴了戈登伯格（1995）的构式理论，考察了殷商到秦汉期间双宾构式的使用情况以及相关构式的发展变化。但作者的研究并没有把构式语法理论作为主要理论依据充分利用。向熹（1998）认为甲骨卜辞中双宾构式的宾语位置不太固定，到了周秦才逐渐统一起来，通常是间接宾语在前直接宾语在后，当直接宾语为代词"之"间接宾语不是代词时顺序改变。徐丹（1990）、萧红（1999）都是在贝罗贝（1986）的基础上进行的更深入的探讨和调整。其他相关研究还有宋文辉（2010）、高媛媛（2003）、徐志林（2008）等。张美兰（2014）和张文（2013）两份研究从历时发展的角度对汉语双宾构式进行了很详细的考察分析，历史分期很细致，考查范围也比较广泛，还对相关的功能与双宾构式非常密切的其他构式进行了考察分析。前者还考察了历史上的朝鲜汉语教材以及我国近代汉语方言双宾构式的情况。后者则从类型学的角度考察了双宾构式的语义地图。这两份研究的理论框架和研究方法和我们的研究完全不同，但其细致的考察分析对我们的研究有借鉴意义。

三　理论文献综述

本书的理论背景和理论框架主要来自构式语法以及相关理论。包括构式化理论、构式语法理论以及语法化理论基础上的图式性构式演化的最新理论探索。本节仅作简要介绍，具体的理论综述将在第二章阐述我们的研究所使用的理论框架时进行。

以语法化理论为基础的图式性构式演化理论探索的代表性文献是特劳戈特（2008a，b）。这两个研究借鉴了构式语法理论对构式的定义，在具体的研究分析中还参考了构式语法理论对构式层级的划分，对半图式性的构式 NP of NP 演化的讨论和解释非常细致。但是我们发现这个研究方法在解决完全图式性构式演化的问题时效果不佳。尽管如此这两份研究对本书也具有十分重要的借鉴价值。

作为本研究重要理论背景的构式语法理论主要是激进构式语法理论克罗夫特（2001）和以戈登伯格（1995，2006）为代表的构式语法理论。这两种构式语法理论对构式的理解与讨论既有区别又有共同之处。

构式化理论（特劳戈特和特劳斯代尔，2013）是历时构式语法理论的代表作，也是最新成果。这份研究对构式化的内涵和外延做了明确地阐述，区别了不同性质的构式化现象，对构式化的过程也做了明确地划分。这些重要的理论问题都得到了较明确地阐释，是本研究重要的理论依据。

四　语料来源

本书的共时语料主要来源于 CCL 语料库和自建语料库，后者包括一些近年出版发行的网络小说，多为年轻作家著作，能反映当下的语言状况。此外转引自已有研究的句例将会注明。

历时语料的来源主要有三个：CCL 语料库、自建语料库和已有的汉语双宾构式文献。由于不同的学者对双宾构式的定义和判定标准并不一致，因此在借鉴时会在甄别之后再使用。转引自其他文献的例句将会注明。

第三节　章节结构

本书共八章。

第一章绪论主要内容包括两个方面。首先对研究课题进行介绍，主要是介绍本研究的选题原因和目的。其次对已有相关文献进行综述。本章还对构式研究相关理论文献进行了简要介绍。

第二章的主要内容是阐述本书的理论背景和理论框架。包括三个方面的内容：第一，对构式及构式语法理论进行介绍。第二，基于相关理论以及本书历时研究的需要对汉语双宾构式进行界定。第三，介绍本研究的理论框架和研究方法。主要包括语法化理论扩展观、历时构式语法相关理论、构式化理论和本书使用的具体方法。

第三章从构式语法理论的角度对现代汉语中的双宾构式进行探讨。主要分为四个部分。第一，基于相关理论和已有研究阐述本书以动词为标准的构式分类方法。第二，借鉴特劳戈特（2008a，2008b）和彭睿（2013）的研究方法对本书研究对象的构式层级进行示例。第三，对现代汉语双宾构式进行分类并分析各类的语义语用特点。第四，在分类以及语义语用特点分析的基础上归纳总结现代汉语双宾构式的层级结构和主要特点。

第四章至第六章是汉语双宾构式历时演化个案分析。我们选取汉语双宾构式的四个主要类别：给予类、取得类、教示类和消除类。从构式的角度考察这四类汉语双宾构式的历时演化过程。首先讨论语义语用类别和特点的演化，然后按照图式性程度的不同从宏观、中观、微观和构例四个层级考察它们次类的演化。

第四章探讨给予类双宾构式。主要有三个方面的内容：第一，考察给予类的次类和语义语用特点的变化。第二，考察给予类层级结构的演化。第三，归纳给予类构式的演化脉络总结其规律和特点。此外本章还关注了演化过程中构式内部"给"对"与"的替换。

第五章探讨取得类双宾构式。主要也有三个方面的内容：第一，考察取得类双宾构式的次类和语义语用特点的变化。第二，考察取得类层级结构的演化。第三，归纳取得类构式的演化演化脉络总结其规律和特点。

第六章鉴于构式的规模较小把教示类和消除类汉语双宾构式放在同一章讨论，也包括三个方面的内容：第一，它们的次类和语义语用的变化。第二，层级结构的演化。第三，总结演化脉络、规律和特点。

第七章在历时考察的基础上探讨类推机制在完全图式性构式的历时演化过程中如何发挥作用，在类推作用下构式的语义类如何扩展以及扩展中存在什么规律或趋势。本章各部分以探讨不同问题为研究逻辑。主要有四个方面：第一，根据前文考察具体讨论构式演化各个中观Ⅰ（主要类别）的二维循环扩展过程。第二，给各个中观Ⅰ设定一系列原始限制条件，考察各个中观Ⅰ如何通过类推机制逐步取消限制条件实现扩展，进而总结类推扩展的特点和规律。第三，讨论演化过程中的语义相似性和强制性。第四，讨论演化过程中原始限制条件逐步取消特点和规律。

第八章是结论和余论并对本研究进行简要的述评。结论部分是对以上章节的研究进行总结并得出主要结论。如验证构式化语法理论的相关观点，归纳汉语双宾构式演化的规律和特点。余论部分是相关理论问题的进一步探讨，主要包括：对构式类推扩展中的相似性和不平衡性进行进一步讨论，对汉语双宾构式演化过程中原始限制条件的取消和准入能力的不平衡性进行进一步讨论。最后阐明本书的创新之处同时指出未解决和未涉及的问题，如在历时演化过程中曾经出现过后来又消失的双宾构式（比如为动类和使动类）和方言中双宾构式的差异等问题，我们还对未来的相关研究进行初步地规划和预测。

第四节 本章小结

　　正如徐杰（2004）和张伯江（1999）所论述的那样，双宾构式并不是一种具有完全一致特点的句式，而应该是拥有某些关键语法共性的一组句式，是一个具有放射性特征的典型范畴。因为它包含的不同的类，所以必定既有共性也有差异。即使有些成员是核心成员而有些不是，各类双宾构式至少在共时层面应该拥有平等的语法地位，而它们之间的差异应该来源于历时演化。因此我们认为，汉语双宾构式的鉴别标准和分类不一致等问题的根源并不是描写不够细致，而是以往研究中学者们分析问题的方式不同。有些学者试图用一个标准进行总体类别的概括，有些学者则是就个别小类或句子提出标准进行鉴定。前者的后果是使双宾构式的范围过大或过小，类与类之间出现交叉现象。后者则只是在小范围内解决了问题，其解决方案无法广泛运用。两者的共同点是都试图建立一个双宾构式的类，而且这个类对内要有一致性对外要有排他性。汉语双宾构式并不是只存在于现代汉语中，不同历时层面上的双宾构式所表现出的特点不尽相同。历时发展是一个连续的不可分割的过程，而对共时的解释不可能完全适用于不同发展阶段的双宾构式。因此，在没有对双宾构式进行历时考察分析的情况下试图对共时层面的双宾构式进行孤立的研究不能最终解决问题。多数构式语法理论由于缺乏历时研究导致其不能很好地解决双宾构式的多义性问题。因此，我们认为有必要另辟蹊径，从历时构式的角度来整体把握汉语双宾构式的发展脉络，从而揭示汉语双宾构式历时演变的特点和规律，为探索完全图式性构式历时演化的普遍规律作出一些贡献。

第二章

理论框架和研究方法

我们的研究将以语法化的扩展观、历时构式语法以及构式化理论为框架来梳理汉语双宾构式的历时演化。因此,以下内容包括两个大的方面,四个具体内容:对重要的理论背景——构式语法理论进行介绍;阐述基本理论框架,包括语法化的扩展观,历时构式语法理论和构式化理论。

第一节 构式及构式语法理论

以下对构式语法理论的综述,参考了构式语法理论著作克罗夫特和克鲁斯(Cruse)(2004)、特劳戈特和特劳斯代尔(2013)等相关论述,英语例证也均引自上述文献。

"构式"的理念在经典的认知语言学理论中就已经出现[①]。根据兰盖克(Langacker)(1987,1991,2005)虽然没有明确的提出构式这个术语,但是事实上建立了一个基于构式的语法体系。如作者把语法定义为一个有组织结构的习用化单位清单,这些习用单位大多是符号化的,具有语音形式和意义两个方面。但是,作者没有谈到句法形式的特点,这与构式语法理论的观点有很大的区别。

菲尔墨(Fillmore)、凯(Kay)和奥唐纳(O'Connor)(1988)以及凯和菲尔墨(1999)等对一些特殊表达和习语进行了研究(如 let along,

---

[①] 特劳戈特(2008a、b),构式语法中构式(construction)的概念是以戈登伯格(1995、2006)和克罗夫特(2001)为代表的。其他认知语言学以及语法化研究中关于构式的理解基本都没有超出句法单位串(syntacticstrings)的概念。如,吉冯(1979),拜比(Bybee)、帕金斯(Perkins)和帕柳卡(Paliuca)(1994),莱曼(Lehmann)1992),海因(Heine)(2003),特劳戈特(2003),希梅尔曼(2004)等。本书对构式的理解是构式语法意义上的。

what's X doing Y 等)。这两份研究还把不可分的单语素构式的类型按照特征进行描述,归并为各类不同的构式。相似的研究如博厄斯(Boas)和萨格(Sag)(2012)基于符号的理论(sign-based theory)。他们的研究都以非常细致的构式特征分析见长。

认知构式语法理论(cognitive construction grammar)的代表是莱考夫(Lakoff)和戈登伯格。莱考夫(1987)的研究从构式的典型性和放射性的角度分析了英语构式 There-constructions 中复杂的非典型结构。戈登伯格(1995:4)认为当且仅当 C 是一个形式(Fi)和意义(Si)的结合体并且 C 的形式和意义的任何特征都不能完全从 C 的组成成分或其他的结构中预测时,C 是构式。这份研究继承了莱考夫(1987)构式典型性以及放射性结构的观点。① 到了戈登伯格(2006:5),作者对构式的定义进行了修订,认为所有层级的语法结构都包含构式,具有语义或者话语功能的所有已被接受的形式与意义的结合都是构式,举例如下:

词素(如 pre-、-ing),单词(如 avocado、anaconda、and),复合词(如 shoo-in、N-s),习语(如 give the Devil his due, jog *somenoe's* memory),条件从句(如,the Xer the Xer),双宾(subj V obj$_1$obj$_2$),被动 [subj aux VP$_{PP}$ (PP$_{by}$)]。其中复合词和习语既有部分为词的习用形式(半图式性)也有完全符号化的习用形式(完全图式性的构式)。②

克罗夫特(2001)激进构式语法(radical construction grammar)继承并发展了认知构式语言学理论,尤其是莱考夫(1987)和戈登伯格(1995)对比较特殊的英语构式的研究。作者认为人类的语言知识是对现实世界的反映,人对现实世界的知识进行范畴化,反映到语言中就是不同的构式,范畴化程度的不同表现为构式之间的差异。克罗夫特(2001)激进构式语法理论建立的一个目的就是解释构式历时演变的问题。这个研究还对语法化的相关问题进行了论述,其中的观点与传统语法化理论的一些观点基本一致,使得激进构式语法理论与语法化理论可以比较容易相结合使用。作者认为在语法化进程中构式作为整体改变意义,新构式为了与新功能保持一致会在语法结构上发生改变,此时的新构式就会

---

① 见第一章第二节中对戈登伯格(1995)中对英语双及物构式的分类的综述。
② 我们认为克罗夫特(2001)对构式的理解与戈登伯格构式语法理论尤其是修正过的戈登伯格(2006)中的理解并不矛盾。克罗夫特(2001)优势在于更具体的确定了构式内部形式和意义对应的六个属性。

与原构式具有多义关系。作者还认为构式在使用过程中会出现用法的扩展，用法的扩展体现了该构式在分布上的变化，这种变化在概念空间中遵循特定的路径。克罗夫特（2001：18）、克罗夫特和克鲁斯（2004：258）也把构式看成形式与意义的组配，而且认为一切语法单位都属于构式。这两份研究还把构式属性分成形式特征和意义特征互相对应的六种。形式方面的属性包括三种：句法（syntactic）、形态（morphological）和语音（phonological）。意义上的属性也包括三种：语义（semantic）、语用（pragmatic）和话语功能（discourse-functional）。这些形式和意义属性通过符号象征相连接，见图2。

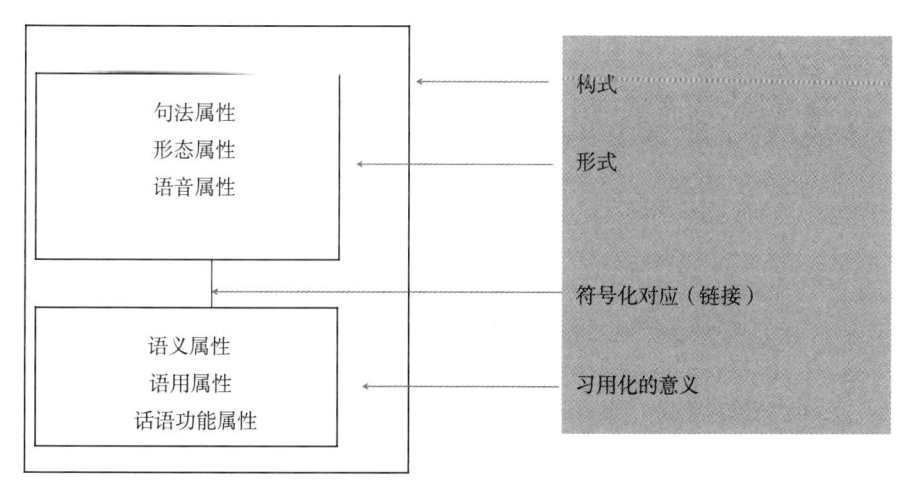

图2　克罗夫特（2001）构式的形式—意义组

克罗夫特（2001）的研究方法及其归纳出的形式和意义的组配非常适用于建立一个构式历时语法化研究的框架。维默尔（Wiemer）和比桑（Bisang）（2004）认为以戈登伯格（1995）为代表的构式语法研究关注的是共时层面，并不适合历时层面的语法化研究。而与以戈登伯格为代表的构式语法理论相比，激进构式语法给从历时的角度考察构式的发展提供了有效途径。[①] 对本研究而言激进构式语法理论的研究方法在研究语言的历时问题方面具有优势。传统的功能认知语言学理论和语法化理论在解决单个的实体性语法单位的历时演化方面较为有效，但在解决图式性的构式尤其是完全图式性构式演化方面则有所欠缺。克罗夫特（2001）归纳的

---

① 此处借鉴了特劳戈特（2008a，b）的相关评论。

构式内部构造清晰明了，具有很强的可操作性。作者把构式分析成形式和意义的组配，其中又包括六种具体的属性。这与语法化理论特别是语法化理论扩展效应（本章第二节）所涉及的几个方面在很大程度上是一致的。这份研究从宏观角度把构式整体看成一个抽象的符号，分析了较复杂的图式性构式的层级性，并具体论述了构式在低层级微观层面（micro-level）语法化的三个阶段。这种构式具有层级性的观念给图式性构式语法化的研究以很大的启发，也给我们从低层较具体的层面到高层较抽象的层面讨论构式的历时演化提供了可以借鉴的框架。

将所有的语法单位都看成构式是构式语法理论的重要观点。包括实体构式（substantive construction）和图式性构式（schematic construction）。实体构式是全部由实体性成分构成的构式，有语素、词、复合词以及固定的习语。图式性构式则包含非实体性的成分，它又可以分为半图式性的构式（含有实体性成分的图式性构式）和完全图式性的构式（不包含实体性成分的构式）。本书关注的双宾构式是完全图式性的构式。克罗夫特（2001）创立激进构式语法的一个目的就是解释语言的变化，传统语法化理论关注的历时演化是从属于其中的一部分。这份研究关注的构式形式和意义的组配在交际中会不断变化。原因是人们的交际普遍存在逆向的溯因推理，而交际具有无限性。形式和意义结合的重新分析产生新的组配，更微小的扩展也会发生，并通过语言社团传播产生新的变化。总之，无论是不是传统语法化理论关注的语言演变都可以借鉴激进构式语法的理论框架进行研究。

虽然现在已经有一些汉语双宾构式的历时研究（见第一章第二节第二部分），但是这方面仍是薄弱之处，也是导致一系列争议问题无法解决的原因。这就促使我们思考下面这些问题。汉语双宾构式的历时演化究竟是什么样的，有没有规律可循，是否可以与相关历时构式语法理论形成对话。特劳戈特（2008a，b）等借鉴了激进构式语法理论，探讨了半图式性构式语法化的过程。像双宾构式这样完全图式性构式的历时演化应该如何处理。上述问题还会带给我们一系列具体的需要解决的课题。比如，经典语法化理论中涉及的动因和机制有没有在双宾构式的历时演化中起作用。双宾构式与和它相关构式的关系在历时发展过程中是什么样子，有没有发生变化。汉语和其他语言、汉语普通话和方言的双宾构式在类型学上有哪些不同点和相同点。

第二节 基本理论框架

一 语法化扩展观

传统语法化理论的既有成果也是本研究的理论背景之一[①]。完全图式性的构式一般不是传统语法化理论的研究对象，但却是本研究的关注点。语法化的扩展效应与我们的研究联系较为密切。语法化扩展效应的代表文献希梅尔曼（2004）认为语法化的过程中存在扩展效应，主要包括三种：同构项的扩展（host class expansion）、句法的扩展（syntactic expansion）和语义语用的扩展（semantic-pragmatic expansion）。这份研究提出了基于环境的语法化观（即语法化的扩展观），把环境和环境扩展的内涵归纳为三个，论证过程简述如下。

希梅尔曼（2004：33）把基于环境的语法化观用一个公式表示：

$(X_n)\ A_n B\ |\ K_n \to (X_{n+x})\ A_{n+x} b\ |\ K_{n+x}$

公式中的 A 和 B 代表完全实词性的词项，b 代表语法化了的成分，环境变化包括以下三种：同构项类型的构成（host class formation）：$A_n \to A_{n+x}$，比如从只有普通名词变成包含普通名词和专有名词。句法环境变化（change of syntactic context）的变化：$X_n \to X_{n+x}$，比如从可作为核心论元变成可作为核心论元和边缘论元。语义语用环境的变化（change of semantic-pragmatic context）：$K_n \to K_{n+x}$，比如从只有前指用法（anaphoric use）变成可以有前指用法和次前指用法（associative anaphoric use）。

这样，语法化过程中出现的扩展就包括：

第一，同构项类型扩展（host-class expansion），在构式[②]的内部能与语法化项相组合的成分类型增加。比如，指示代词（demonstrative）语法化为冠词（article）后可以修饰包括专有名词和指称独特事物的名词（如，*sun*、*sky*、*queen* 等）。而在语法化之前指示代词通常不能修饰指称独特事物的名词。

[①] 此处参考了希梅尔曼（2004）和彭睿（2013）对语法化扩展观的研究，例子转引自希梅尔曼（2004）。
[②] 希梅尔曼（2004）中的构式并不是构式语法理论意义上的构式。

第二，句法环境扩展（syntactic-context expansion），语法化项可以出现在更多的句法环境中。比如，处于语法化过程中的语法化项——指示代词，在其所在构式中，从只能出现在句法环境中的核心论元（主语或宾语）位置扩展到没有或很少出现过的其他句法环境中（如介词短语），甚至可以进一步扩展到之前完全不能出现过的句法环境中。

第三，语义语用环境扩展（semantic-pragmatic context expansion）。这也是希梅尔曼（2004）最强调的一种扩展。这里的环境是针对语法化项所在的构式而言。如指示代词只出现在有上下文或前指成分的环境中，而语法化成冠词后可以出现的环境就不受上下文限制（如，the queen、the pub）。

希梅尔曼（2004）认为三种扩展在语法化过程中同时发生，语义语用环境扩展是其中的核心特征。语法化扩展效应涉及的几个方面与激进构式语法理论关于构式属性的分析有相通之处，因此在考察完全图式性的构式时也可以作为理论上的依据。

二 历时构式语法研究

构式的历时演化是一个较新的研究方向，仅见于近二十年的文献。最早的历时构式语法研究是伊斯雷尔（Israel）（1996）。已有研究关注的焦点多是从传统语法化理论的角度探讨复杂构式的演化，具有代表性的是特劳戈特（2008a，b），这两份研究运用构式语法的观念，归纳概括了构式的层级，讨论了 NP of NP 的语法化。

对构式化的初步讨论有代表性的是诺埃尔（2007）、特劳斯代尔和诺德（Norde）（2013）。前者基于传统语法化理论提出了构建历时构式语法，并较早提出构式化的概念，对语法化理论与构式语法理论相结合做出了努力。后者则讨论了去语法化和构式化的问题。另外，特劳斯代尔（2012b）则专门讨论了构式演化的相关问题，作者认为构式建立之后会发生新的演变比如泛化（generalization），新的微观构式会出现在既有构式的交集处并产生混合构式（hybrid construction）现象。

彭睿（2013）讨论了汉语溯因兼语构式的演化，是已有文献中首个探讨完全图式性构式演化的研究，也是首个从历时构式语法理论的角度探讨汉语问题的研究。作者讨论了汉语溯因兼语构式的演化过程，还从历时构式语法的角度进行了理论方面的探讨。这份研究认为构式的演化存在包容性和图式性程度的二维循环扩展。包容性的扩展是指随着构式的演化，构式的原始限制条件（original restrictive conditions）逐渐放宽，能够进入构式的核心动词语义类别变得更加丰富。图式性程度的扩展是指随着构式所容纳的动词语义类别越来越多，构式所涵盖的语义更加丰富，构式的整体意义也就会更加抽象，图式性程度就随之增加，这两个过程循环进行。例如随着原始限制条件的放宽，由"恶、恨、怨、怒、憎"构成的微观构式逐步进入，使中观II"憎恨"形成，在这个过程中构式的包容性和图式性程度互相促进循环扩展。这种研究方法以及得出的结论对本书具有很大的指导和启发作用。之后，彭睿（2016，2019）持续关注了相关理论问题，并进行了深入的探讨，讨论了历时构式语法理论的演进及其对历时形态句法理论的推动作用，分析了历时构式语法理论研究的不足，汉语图式性构式历时演化研究的重要地位和可以做出的理论贡献。

特劳戈特（2008a，b）是最早借鉴激进构式语法理论讨论构式语法化的研究，取得了一定成果。作者回顾了以往传统语法化文献中有关构式的论述，发现激进构式语法理论把形式和意义的关联直接建立在模型上，这个特点与语法化的研究可以很好地结合，这就给图式性构式的语法化研究提供了合适的途径。作者借鉴激进构式语法理论中构式具有层级性的观念对构式进行了层级划分。特劳戈特（2008a，b）按图式性的程度把构式分为四个层级：宏观构式（macro-construction），中观构式（meso-constructions），微观构式（micro-constructions），构例（constructs）。宏观构式是指图式性程度最高的构式，例如英语程度修饰语。中观构式是指特征相似的一些构式的集合，可以有不止一层，例如构式 NP of NP。微观构式是指单个的比较具体的构式，一般只有一个或者一部分主要句法单位是实体性的，例如 *a lot of NP*。构例是指具体用例，例如 *a lot of money*。彭睿（2013）也对汉语溯因兼语构式进行了层级划分，共得到七个中观I（即第一层中观构式）。如其中表示"评价"的 $V_{JUD}NV_2$ 又包含四个动词语义固定的中观II"批评""表扬""讽刺"和"讥笑"。当 V_{JUD} 是具体的动词时就是一个微观构式。当所有构成成分都确定时就是构例。上述层级划分给图式性构式的演化研究提供了具体可操作的框架。

特劳戈特（2008a，b）认为语言创新始于构例的新用法，一旦创新被重复使用进而惯例化就可能导致整个构式层级的重新整合。按照这种研究框架，作者分别对几个结构为 NP of NP 的英语程度修饰构式进行了历时语法化的研究,并对借鉴激进构式语法理论进行语法化研究做出了评价。作者认为借鉴激进构式语法理论的研究方法有助于考察语法化理论关心的问题,如构式的形式和语义、语用功能之间的相关性。这份研究认为如何理解重新分析和类推在处理构式语法化问题时是极其重要的,同时还认为图式性构式的历时演化应该更加强调类推机制的地位,在类推扩展的过程中构式具有吸引子集合(attractor sets)的作用。吸引子集合的概念和形式与意义对应的框架相结合使具体的考察低层级图式性构式的演化如何影响高层级图式性构式更加容易。作者认为理论上可以从构式具有的六个形式和意义属性方面进行研究,即句法、形态、语音、语义、语用和话语功能。

希梅尔曼(2004)认为把完全图式性的构式纳入语法化范畴是不合适的。诺埃尔(2007)对语法化的理解比较宽泛,他也对语法化理论与构式语法理论的结合做出了努力,提出构建历时构式语法。其他相关的研究还有拜比(2003),特劳斯代尔(2008)等。

上述文献对图式性构式的语法化作了理论上的初步探讨,对我们的研究有较大的启发,尤其是特劳戈特(2008a,b)。我们认为从图式性构式的角度来分析问题和对图式性构式进行层级划分很有意义。首先,这个研究框架主要是用来对图式性构式进行历时的考察从而揭示其演化规律。具体来讲是探讨图式性构式历时演化的过程中各个层级的发展,包括图式性构式的句法、形态、语音、语义、语用和话语功能六方面属性的演化。其次,图式性构式的层级划分不意味着图式性构式各层级之间以及同层级的成员之间泾渭分明。因为共时层面的特点是历时演化的结果,也是历时演化的体现。历时演化是一个连续的过程,反映到共时层面也应该是一个边界不明晰的连续体。最后,图式性构式在较低的层级上并不排斥与其他构式具有一些共性,也就是说不同的构式在较低的层级上可能没有明显的界线。图式性构式在演化的过程中也可能和其他构式产生联系,并在发展过程中互相影响。总之,从图式性构式的角度分析问题和对图式性构式进行层级划分的目的不是区别范畴和类,因此它不是一个对内具有同一性对外具有排他性的判别标准。这个研究方法的出发点和归宿都与确定范畴和类无关,所以可以避免以往研究出现的判定标准和确定类别的争论。虽然这个研究方法不是一个鉴别范畴和类的标准,但是它在共时层面上对范畴和类的划分有一定的指导意义。这是因为图式性构式在最高层宏观构式上是独特的形式与意义的结合，而且图式性构式即使在最低层的构例层面也存在核心的类，比如双宾构式的给予类。

我们认为从图式性构式的角度出发所有具有"SVO_1O_2"结构①和表示某种转移意义的汉语句式均应纳入双宾构式的研究范围。汉语双宾构式的研究范围应该既包括没有争议给予类，也包括颇具争议的夺取类；应该包括公认的三价动词构成的双宾构式，也应该包括二价动词构成的双宾构式。另外，一些双宾构式惯用语（如"你赏我个脸吧"）和没有实体转移物的双宾构式（如"音乐给了我灵感"）也应纳入研究范围。作为完全图式性的构式，双宾构式不应该是由各方面特征都整齐划一的句子组成，而应该是在历史演化过程中形成的由一定数量典型的和非典型的小类构成，而且各个小类之间的边界可能很难确定。

三 构式化理论

特劳斯代尔（2012a，b）讨论了半图式性构式的演化并把构式的演化称为构式化，构式化又可分为词汇性构式化（lexical constructionalization）和语法性构式化（grammatical constructionalization）。作者认为半图式性构式 what with 的演化属于后者，经历了抽象性、一般性和能产性的增长。这份研究由此归纳出语法性构式化的四个特点：构式的模式变得更加具有一般性和概括性；构式的能产性增加，即构式对新成员的限制条件减弱；构式的语义合成性减弱；构式的某些部分变得固定，多样性减弱，与此同时构式的其他部分出现扩展。

构式化语法理论的建立以特劳戈特和特劳斯代尔（2013）为标志。这部著作是一份构式主义的语言演变研究，它是历时构式语法理论研究的总结性著作，也是第一部系统性探讨构式历时演化，提出并分析了一系列关键理论问题的著作。这份研究认同构式语法理论，也把构式定义为一个形式与意义的组配。特劳戈特和特劳斯代尔（2013：11-13）认为在这个组配中构式在大小（size），语音确定性（degree of phonological specificity）和概念类型（type of concept）三个不同的维度方面呈现梯度性差

---

① 由于版面的限制为了便于下文进行层级结构图示和表格统计，本书把所有图表和第三章之后的分析中符号表示的双宾构式的主语"S"省略，即宏观构式表示为"VO_1O_2"，中观构式表示为"$V_xO_1O_2$"。

异的特点。从大小方面可分为三个梯度：原子不可分的（atomic，如 *red*、*-s*），中等过度的（intermediate，如 *bonfire*）和复杂的（complex，如 *pull strings*，*on top of*）。从语音确定性方面也可分为三个梯度：实体的（substantive，如 *dropout*、*-dom*），半图式性的（intermediate，如 *V-ment*）和图式性的（schematic，如 *N*，*subject-auxiliary inversion*）。从概念类型方面同样分为三个梯度：意义实在的（contentful，如 *red*、*N*），中等过度的（intermediate，如 *way-construction*）和程序化的（procedural，如 *-s*，*SAI*）。这个研究还讨论了构式的图式性程度（schematicity）、能产性（productivity）和语义合成性（compositionality）三个构式的特点如何参与构式演化。研究明确区别了两种构式的演化过程：构式化和构式演化（constructional changes）。构式化是指新的符号性形式与意义组配的产生，会导致一定适用范围的语言共同体的语言网络中产生具有新句法、形态或意义属性的构式。这个过程伴随着图式性程度、能产性和语义合成性程度的变化。这份研究还发现构式化源于一系列微小渐进的变化，新的微观构式的形成可以是渐进的也可以是瞬时的，渐进式出现的微观构式倾向于具有程序化意义，瞬时出现的微观构式倾向于拥有实在意义，详见特劳戈特和特劳斯代尔（2013：22-26）。构式演化是影响一个构式内部某一维度的变化，不创造新的构式，构式化之前和之后都会存在一系列连续的构式演化，包括前构式化演化（pre-constructionalization constructional changes）和后构式化演化（post-constructionalization constructional changes）。

特劳戈特和特劳斯代尔（2013：28）把构式化涉及的阶段总结为：
PreCxzn CCs→ Cxzn→ PostCxzn CCs

特劳戈特和特劳斯代尔（2013）赞同希梅尔曼（2004）的语法化扩展观，还讨论了微观层面的类推扩展及其过程中的限制条件（constraints）。作者认为与已经被语法系统接受的既有构式之间存在相似性是类推扩展实现的重要因素。如英语表示语气弱化的词 *all but* 的类推扩展。[①] 18世纪末19世纪初 *all but* 只修饰充当谓语的名词和形容词，到19世纪中期则扩展到可以与动词甚至是被动式连用，且频率大大增加。类推扩展出现的重要因素是动词和形容词在语用环境和一些具体的语义特征上

[①] 例句和具体论证过程见特劳戈特和特劳斯代尔（2013：203）。

具有相似性或共同点。

这份研究认为新微观构式在不同类型的环境中出现扩展并趋于巩固，后构式化演化会在这个过程中导致图式性构式图式性程度的增加。由于程序化的图式性构式只表示关系且相对抽象，因此会有大量的同构项产生，这些变化会构成众多后构式化演化的类型扩展（type-expansion）。同时构式的图式性程度跟其演化过程中体现出的能产性也密切相关，低层级的构式在演化过程中会变得越来越具有图式性，能产性增加，逐渐成为图式性构式更加重要的成员。这样，图式性构式本身也会在扩张中拥有更多的成员，能产性也会增加。

与传统基于语法化理论的构式历时研究相比较，构式化语法理论的优点在于能够解决传统语法化理论研究不能解决的问题，如复杂构式的演化。但是这个理论仍然在很多方面亟待完善，其中一个很重要的方面就是仅对半图式性构式进行了具体分析，而没有讨论完全图式性构式演化的问题。我们的研究正是要运用构式化以及其他相关理论，从历时角度系统地讨论汉语双宾构式的演化（属于完全图式性构式的后构式化演化），可以对构式化理论这方面的不足有所补充。

四 汉语双宾构式演化的研究方法

学者们对构式的不同维度（dimensions）、层级（hierarchy）和其中存在的连续统进行了分析研究，语义上的关联在这些连续统中起了至关重要的作用。比如克罗夫特和克鲁斯（2004：318-323）的研究显示，不同构式之间的关系以及图式性构式内部的层级关系都可以按照语义脉络从不同的维度进行分析。作者认为语法性构式（grammatical constructions）不同层级图式性构式的使用会影响到范畴的形成，在语言使用过程中产生新的语法知识。特劳戈特和特劳斯代尔（2013）对构式的结构网络进行了分析，作者认为在构式的范畴中存在典型成员和非典型成员的区别。所以组成构式的成员是一个连续统，它们之间的联系以语义为基础。彭睿（2013）在讨论构式演化中包容性和图式性程度的循环扩展时，以核心动词语义脉络为线索。我们对汉语双宾构式历时演化的考察以动词语义类的扩展为切入点，在讨论其语义语用扩展的规律和特点时也以双宾动词的语义语用特点为线索分析其类推过程。

在对类推扩展过程进行具体分析时我们基于使用的范例（usage-based examplar）进行。沃斯博尔斯（Voorspoels, W.）、冯帕艾默尔（Vanpaemel, W.）和施托姆（Storms, G.）（2008）回顾了范畴化相关理论，就不同理论中对待抽象概念的不同认知进行了对比分析。主要是对比了范例理论和原型理论。二者的最大区别是对范畴的表达不同。范例模型对范畴的表达不涉及抽象概念，认为范畴由有相同和相似特点的成员（范例）组成。范畴的形成就是收集成员，取决于成员和它们的相似性而不是抽象的概念（原型）。原型理论则认为范畴的形成以原型的存在为基础。作者认为范例理论优于原型理论。因为原型理论忽视成员之间具体特征的相关性和区别。

范例理论在语言学的讨论中也有应用，皮埃安贝尔（Pierrehumbert）（2001）基于范例的模型（exemplars-based model）中范畴被定义为一批记忆中的范例。基于范例的理论都认为范例是具有某些具体意义特点的用例，而这些具体的意义特点构成了整个构式的属性和特点［韦德尔（Wedel）（2006）］。拜比（2010, 2013）也认为相同或相似的用例出现后，它们所拥有的相同或相似的意义特点会构成整个构式的特征，作者还认为基于范例可以更好地解释构式的动态性（dynamics）。

我们的研究借鉴了既有的对范例的定义和理解，同时在具体运用时稍做调整。由于本书关注的是一个历时演化过程，这个过程包含了四个历史时期，在讨论某历史时期发生的变化时，在这一历史时期之前已经存在的所有既有用法构成范例。也就是说，汉语双宾构式层级较为复杂，层级结构处于动态的变化中，基于本书关注的重点是各个中观构式及其小类，因此范例就由变化出现之前的所有中观构式集合构成，这些中观构式拥有的所有特点在类推扩展中发挥作用。

第三章

现代汉语双宾构式的分类及层级结构

本章主要包括以下两个部分。第一,对现代汉语双宾构式进行分类讨论,进而分析其语义语用特点。本书的分类是以双宾动词的语义为标准。研究发现各类双宾动词一般包括三个方面的语义特点,双宾动词本身表达的行为动作的特点,双宾动词蕴含的参与者之间在事件中的社会关系特点,双宾动词在构式中蕴含的和参与者相关的主观评价特点。第二,从构式语法的角度归纳出现代汉语双宾构式及其各类的层级结构。由于层级结构是基于不同范围的语义类层层归纳,因此就出现了层级越高图式性程度就越高的特点。

第一节 以动词语义为标准的分类

我们对各个历史时期汉语中的双宾构式进行考察时都以动词的语义为标准进行分类。这样分类的依据主要有两个。首先,用双宾动词语义作为主要依据进行分类是学界通行的做法,如马庆株(1983)、李临定(1984)等。其次,经典的构式语法理论也支持我们的分类方法。动词的语义类别与构式本身的形成息息相关,这也是人们对构式进行归类的依据戈登伯格(2006:58)。也就是说,在图式性构式中虽然动词的语义并不等于构式整体的意义,但是动词的意义是整个构式意义的核心,人们对构式进行范畴化时通常以动词语义为基础。戈登伯格(2010:49-53)对动词与构式之间的关系进行了详细的论证。作者认为动词对构式具有标示性的作用,动词语义与构式意义之间具有一致性,动词与构式不会指示两个不相干的事件,动词或者与构式指示同一个事件或者对构式指示的事件起更进一步修饰说明的作用。① 克罗夫特（2001：258-259）认为动词是构式的"主要的信息承载单位"（primary information-bearing units），② 它描述的含义与构式的整体所描述的含义是最接近的。拜比（2010：80-81）认为动词是大多数图式性构式类别形成的依据③。类似的研究还有戈登伯格（1995）对英语双及物构式的讨论，伊斯雷尔（1996）对英语 *way*-construcion 的讨论，Grise 等（2004）对 *into*-causitive 构式和彭睿（2013）的分类。这些研究也都表明图式性构式的类别应该以中心词——动词为依据划分。综上所述，在图式性构式中动词的语义往往在整个构式意义中处于核心位置，是构式意义形成的关键部分，对于双宾构式来讲双宾动词是决定其构式意义的主要单位，自然是进行分类的首选标准。

本书对双宾构式的分类参考了马庆株（1983），李临定（1984），杨伯峻、何乐士（2001），廖振佑（2001）的研究，力求做到反映构式的全貌，同时根据以动词和构式的具体情况对分类标准作出适当调整。

经过考察，历史上出现之后一直保存的双宾构式的主要类别（即后文中的中观Ⅰ）有"给予"类、"取得"类、"告示"类、"称谓"类、"亏欠"类、"处罚"类、"施加"类、"致使"类和"掉落"类。在双宾构式演化过程中出现过又消失的有"为动"类、"使动"类、"与动"类、"处置"类，对这些类别进行研究与我们的研究角度和所需理论依据差别较大，所以暂不考察。另外，有一些动词在不同的语境中可以出现在不同的类别中，例如"给你一个苹果/给你一个说法"第一句是典型的"给予"类，后者还可以理解成"教示"类。我们认为这种现象并没有新

---

① 从戈登伯格（2006，2010）的相关论述中我们可以认为语言知识也是一种知识，这种知识是人们从具体的使用中总结归纳而来。语言中的范畴也是由此而得来。而在这种语言范畴知识形成的过程中动词起到了很重要的作用，因为动词是人们进行范畴化的重要依据，而命题结构的最终形成也是以此为基础的。

② 克罗夫特（2011）认为名词和动词都承担了传达主要实在意义的任务，因此他们在构式中都是主要的信息承载单位。在双宾构式中，一般来讲存在三个名词性成分，它们分别具有各自的功能和语义角色，而双宾动词则处于中心位置，是连接它们的关键。

③ 根据拜比（2010）的论证，抽象的、图式性的类别是基于名或动词在语法和意义上形成的范畴而形成的。而像本书讨论的汉语双宾构式就是这样一种高度图式性的构式，它们所包含的次层级的图式性的构式则应该是基于其中的名或者动词在语法和意义上的范畴来确定。由于双宾构式中的名词的语法意义和词汇意义既不唯一又特别复杂不好掌握，因此动词就成了研究中可操作性最佳的选择。

的双宾动词产生，也没有新的微观构式产生，属于语义语用的扩展。此类现象一般将其归入最常用的类别。我们确定构式类别的标准会一以贯之，因此所得分类不会影响到对构式历时演化特点和规律的判断。

第二节 构式的层级结构及示例

本书借鉴特劳戈特（2008a，b）和彭睿（2013）的构式层级的划分对汉语双宾构式进行分析并示例（见图3），下面章节中的所有层级结构划分将按照这一方式进行。

图示第一层是图式性程度最高最抽象的宏观构式；图示第二层是第一层中观构式以及未列出的其他同层级构式；图示第三层是第一层中观构式包含的第二层中观构式；第四层是微观构式，构式的成分只有动词是确定的；构例就是所举的句例，构式的成分都是确定的。

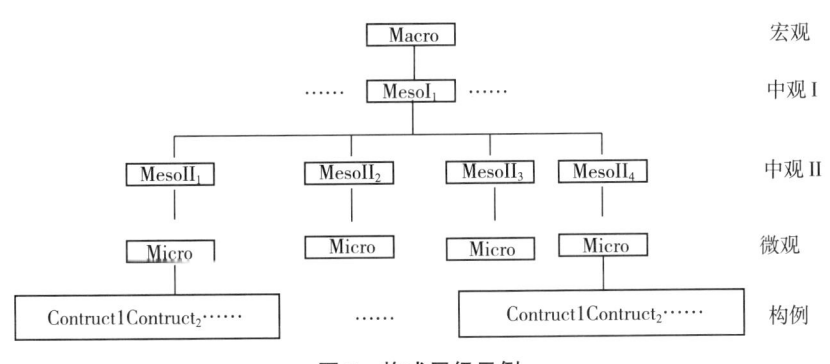

```
                    Macro                          宏观
              ……  MesoI₁  ……                       中观 I
         ┌──────┬─────┴─────┬──────┐
      MesoII₁  MesoII₂    MesoII₃  MesoII₄         中观 II
         │        │          │       │
       Micro    Micro      Micro   Micro           微观
         │                          │
  Contruct1 Contruct2……        Contruct1 Contruct2……   构例
```

图3 构式层级示例

第三节 现代汉语双宾构式的分类

本节对现代汉语中存在的双宾构式及其主要类别进行考察。如第一节所述以双宾动词语义作为主要依据进行分类是学界通行的做法，同时也有经典构式语法理论的支持。图式性构式中动词的语义往往在整个构式意义中处于核心位置是构式意义形成的关键部分，对于双宾构式来讲双宾动词就是决定其构式意义的主要单位，因此我们以动词语义为标准进行分类。

我们对现代汉语双宾构式进行分类的目的是更清晰地从历时角度追踪各类的来源以及它们演化发展的过程,并不是穷尽考察所有类别。由于我们的分类只是更深入的历时讨论的手段,而且双宾动词在双宾构式语义中的语用含义很复杂且有兼类的现象,因此以动词语义为标准的分类不易做到各类之间的界限清晰明了。我们的研究允许存在某些小类能够归到不同的大类或者某些独立出来的类可以归为与其同级的其他类别。比如,本章第三节第七部分中的"处罚"类语义语用特点与"取得"类有相同之处也有不同之处,可以独立为一类也可以归入"取得"类作为其中一个次类。但是,类似情形无论采用哪种处理方式,只要我们在历时考察中把这个标准一以贯之,都不会影响研究考察的结果。另外,根据观察我们发现还有某些双宾构式,如"涂抹"义双宾构式(妹妹偷偷抹了姐姐一点化妆品)既可表示取得也可表示给予,由于其类型频率不高文本频率也很低所以本书不予讨论。我们根据双宾动词的语义特点对现代汉语双宾构式进行考察,共归纳出10个类,它们分别为:"给予"类、"取得"类、"教示"类、"称谓"类、"消除"类、"亏欠"类、"处罚"类、"施加"类、"致使"类和"掉落"类。下面对这10个类进行具体分析。

一 现代汉语"给予"类双宾构式

"给予"类双宾构式是汉语双宾构式中最为典型的一个类别。朱德熙(1979)对"给予"类双宾构式作了如下定义:存在着"与者A"和"受者B"双方;存在与者所与亦受者所受的事物C;A主动地使C转移到B。

现代汉语"给予"类双宾构式以下面两个例句为代表:

(1) a. 小李给了她几本书。
b. 老板发了他两个月的工资。

"给予"类双宾构式可以形式化为[$SV_{给予}O_1O_2$],意义为主语S使或意图使直接宾语O_2转移到间接宾语O_1处。

"给予"类双宾构式的"形式—意义"的组配如下所示:

第三章 现代汉语双宾构式的分类及层级结构　33

形式：主语（S）　双宾动词（V）　间接宾语（O₁）　直接宾语（O₂)
　　　　　｜　　　　｜　　　　　　｜　　　　　　｜
意义：　施动者　　导致转移　　　接受者　　　　转移物

典型的现代汉语"给予"类双宾构式用例列举如下：

(2) a. 医生给了我们一丝希望。　（姚明《我的世界我的梦》）
　　b. 发现一个排长是个神炮手，一高兴，让团里奖励他一条烟。　　　　　　　　　　　（电视电影《历史的天空》）
　　c. 我也必须贡献他一些什么东西。　（《雅典的泰门》）
　　d. 无偿赠送了他们一份炸香蕉。　（《1994年报刊精选》）
　　e. 我也拜托你一件事，你回去后有可能见到渡边家的人吗？
　　　　　　　　　　　　　　（邓友梅《别了，濑户内海！》）
　　f. 逼咱迁祖坟还他十斗芝麻。　（刘震云《故乡天下黄花》）
　　g. 女童的父母亲看到面目一新的女儿，执意要答谢他一条香烟。　　　　　　　　　　　（1996年《人民日报》1月）
　　h. 可我也是村里的一个干部，分配你们一点儿抗日的工作。
　　　　　　　　　　　　　　　　　　　（孙犁《风云初记》）
　　i. 顾远山不得不补贴她一点钱。　（戴厚英《流泪的淮河》）
　　j. 原来他就是那个要换号码的人，但她确定自己并没有卖他手机，这怎么会这样呢？　　（叶雯《电话情思》）
　　k. 难道还能真的赔他万两黄金。　（古龙《陆小凤传奇》）
　　l. 我借他真钱他却说是假钞。　（《新浪南京晨报》）
　　m. 著名女诗人舒婷曾写给你一封信。
　　　　　　　　　　　　　　　　　（《1994年报刊精选》）

以上13个例句有不同的语义语用特点。(2) a 表示普通的给予。施动主语"医生"使直接宾语"希望"转移到间接宾语"我们"处，没有其他语义语用含义。(2) h 表示社会地位较重要者或上级，基于接受者的某些积极因素给予社会地位较不重要者或下级某物。施动主语"团里"基于"他"的积极因素"神炮手"使直接宾语"一条烟"转移到间接宾语"他"处。(2) c 表示社会地位（自我评价）较不重要者或下级无偿的给予社会地位较重要者或上级。施动主语"我"使直接宾语"一些东西"转移到社会地位较重要的间接宾语"他"处。(2) d 为使接受者受益而无偿给予。施动者(未现主语)为使"他们"受益而使直接宾语"一份炸香蕉"无偿转移到间接宾语"他们"处。(2) e 施动者为得到帮助而给予。施动主语"我"为得到间接宾语"你"的帮助,而把直接宾语"一件事"的处置权转移到间接宾语处。(2) f 施动者给予原属于接受者的物品。施动主语"咱"使原属于间接宾语"他"的直接宾语"十斗芝麻"转移到间接宾语处。(2) g 为表示感谢而给予。施动者"女童的父母"为表示感谢使直接宾语"一条香烟"转移到间接宾语"他"处。(2) h 基于管理权而给予。施动主语"我"基于对直接宾语"一点儿抗日的工作"的管理权而使直接宾语转移到间接宾语"你们"处。(2) i 为使接受者脱离困境而给予。施动主语"顾远山"为了使间接宾语"她"脱离生活困难而使直接宾语"一点钱"转移到间接宾语处。(2) j 表示通过交易活动而给予。施动者确定没有通过交易活动,使直接宾语"手机"转移到间接宾语"他"处。(2) k 为减少间接宾语的损失而给予。施动主语"他"不可能为减少间接宾语的损失而使直接宾语"万两黄金"转移到间接宾语"他"处。(2) l 以等价交换或许诺归还为前提给予。施动主语"我"以间接宾语"他"许诺归还而使直接宾语"真钱"转移到间接宾语处。(2) m 以具体的肢体动作为过程的一部分而给予。施动主语"著名女诗人舒婷"以具体的肢体动作"写"为给予行为的一部分,使直接宾语"一封信"转移到间接宾语"你"处。以上各个小类及其语义语用特点是"给予"类双宾构式历时演化过程中语义语用扩展的结果。

  以上每类又包含了一些语义上的小集合,比如"奖赏"中又包括"奖励"和"赏赐"两种不同的小语义类,"V 给"类的语义较为复杂,其中的"给"使原本不能进入双宾构式的动词可以出现在双宾构式中。"租借"类既可以表示给予也可以表示取得,本小结探讨的是"给予"义。

表 1   现代汉语"给予"类双宾构式的分类

名称	形式	语义诠释	代表动词
"给"类	$V_{给} O_1 O_2$	普通的给予	寄 给 传 递 扔
"奖赏"类	$V_{赏} O_1 O_2$	地位较高者给予社会地位较低者	奖 奖励 授予 赐 赏赐
"奉献"类	$V_{献} O_1 O_2$	地位较低者无偿的给予地位较高者	献 贡献 孝敬 敬

续表

名称	形式	语义诠释	代表动词
"赠送"类	$V_{送}O_1O_2$	为使接受者受益而无偿给予	赠送 送 转赠 捐赠 馈赠
"委托"类	$V_{托}O_1O_2$	施动者为得到帮助而给予	委托 托 拜托 嘱托 托付
"归还"类	$V_{还}O_1O_2$	施动者给予原属于接受者的物品	还 偿还 发还 归还 退还
"酬谢"类	$V_{谢}O_1O_2$	为表示感谢而给予	答谢 酬谢
"分派"类	$V_{分}O_1O_2$	基于管理权而给予	派 安排 分配 调配 批
"帮助"类	$V_{帮}O_1O_2$	为使接受者脱离困境而给予	帮 搭 帮助 资助 补贴
"售卖"类	$V_{卖}O_1O_2$	表示通过交易活动而给予	卖 出售 赊
"补偿"类	$V_{补}O_1O_2$	为减少间接宾语的损失而给予	补 补偿 补给 赔 赔偿
"租借"类	$V_{租}O_1O_2$	以等价交换或许诺归还为前提给予	租 借
"V给"类	$V_{V给}O_1O_2$	以具体的肢体动作为方式或方式之一而给予	拉给 切给 写给 画给 编给 偷给

确定不同的中观构式是考察构式的结构特点及其历时演化的一个重要基础。本书对两层中观构式的确定是以语义为标准的。戈登伯格（2006）认为语义上联系紧密的动词会出现在相同论元结构的构式中，人们还会对听到的一个个实际的用例进行归类（主要是以动词进行归类）并最终形成抽象构式。现代汉语"给予"类双宾构式"$SV_{给予}O_1O_2$"由以动词为代表的13个小类的构成，其名称、形式、语义诠释和代表动词归纳如表1。

二 现代汉语"取得"类双宾构式

现代汉语"取得"类双宾构式存在一定的争议。[①]"取得"类双宾构

[①] 朱德熙（1980）对双宾句的定义为"双宾语构造是一个述语同时带两个宾语。这两个宾语各自跟述语发生关系。它们之间没有结构上的关系"。沈阳（1994）、杨成凯（1996）以此认为只有"给予"类才能构成双宾构式。李临定（1984）、陆俭明（1997）、徐杰（1999，2004）、张伯江（1999）等则承认"取得"类双宾式的地位。

式并不存在于所有语言中，比如英语中就不存在"取得"类双宾构式。英语语法研究多把双宾构式定义为结构为"VO₁O₂"并且具有"给予"意义的与格（VO₂toO₁）转换形式［乔姆斯基（Chomsky）（1957），伯特（Burt）（1971）］。经典的英语句法著作以及构式语法理论在讨论双宾构式时都未曾提及"取得"类，如吉冯（2001），戈登伯格（1995）等对双宾构式的讨论都显示英语中不存在"取得"类双宾构式。但是"取得"类双宾构式仍然可以在其他一些语言中发现，并有一定的研究成果，例如西班牙语和荷兰语。奎尔沃（Cuervo）（2007）研究认为，由于限制条件的不同导致英语的双宾构式在语义上只是西班牙双宾构式的一个小类别，西班牙语除了有"给予"类外还有包括"取得"类在内的三种小类。科尔曼（Colleman）（2009）主要讨论了荷兰语中存在的"取得"和"许诺"两种双宾构式，另外作者认为戈登伯格（1995，2006）的理论不能很好地解释构式的次类中与核心类别语义差别很大的次类存在的原因。汉语双宾构式中也存在语义差别很大的次类，如"取得"类和"给予"类。我们认为，动词后的两个名词即使存在语义上的领属关系，但只要和动词一起表"取得"义，且领属关系可以不用"的"来标记，都应该纳入"取得"类双宾构式的考察范围。

"取得"类双宾构式的句法形式为［SV_取得O₁O₂］，意义为主语 S 使或意图使直接宾语 O₂ 从间接宾语 O₁ 处转移到己处。

"取得"类双宾构式的"形式—意义"的组配如下所示：

形式：主语（S） 双宾动词（V） 间接宾语（O₁） 直接宾语（O₂）
　　　　│　　　　　│　　　　　　│　　　　　　　│
意义：　施动者　　导致转移　　接受者　　　失去者转移物

典型的现代汉语"取得"类双宾构式用例列举如下：

(3) a. 便叫顾显取来他常佩在身上的宝刀。

（姚雪垠《李自成》）

b. 偷了她好几件东西。　　　（王朔《过把瘾就死》）

c. 引着洋文物贩子路德维希买了他不少货。

（作家文摘 1997D《琉璃厂传奇》）

d. 称其诈骗了他 100 万美元。　（袁粮钢《选美陷阱》）

e. 越南海军在北部湾抓扣了中方 3 艘渔船。

（《人民日报》1994 年第 3 季度）

f. 可否借你手机打一下我的手机。

(李新国《手机是这么丢的》)

g. 英军共攻陷中国十余座城市。　　（1994年报刊精选）

h. 吃了他们一顿饭。　　　　　　　　　（《作家文摘》）

i. 我还是抓了他二千名俘虏！　　　（《追忆似水年华》）

以上9个例句有不同的语义语用特点。(3) a 表示普通的获取。除直接宾语"宝刀"产生空间转移之外不包含其他语义语用内涵。(3) b 表示通过强力动作非正当的获取。施动者通过非正当的强力手段"偷"使直接宾语"好几件东西"从间接宾语"她"处转移到施动者。(3) c 表示通过交易获取所有权。施动者"路德维希"通过等价交换活动使直接宾语"不少货"从间接宾语"他"转移到己处，蕴含了施动者与间接宾语协商得到其同意并达成共识的意义。(3) d 表示通过言行等手段非正当获取。施动者通过非正当的言语行为及其他社会行为手段实施"诈骗"使直接宾语"100万美元"从间接宾语"他"转移到施动者。蕴含了通过隐瞒真相取得间接宾语同意及配合的意义。(3) e 表示取消原有转移过程而获得保有权。施动者通过强制手段或其他社会行为使直接宾语"渔船"的正常转移被终止，未转移到应转移处即间接宾语"中方"，并使其转移到施动者。其中还蕴含了违反间接宾语意愿的意义。(3) f 表示通过交涉或交易并以归还为前提获得使用权。施动者试图通过交涉取得间接宾语"你"的同意及配合使直接宾语"手机"转移到施动者，蕴含了许诺归还的意义。(3) g 表示用强力手段强行占有。施动者"英军"使用战争等强力手段使直接宾语"城市"的占有权从间接宾语转移到施动者。蕴含了违反间接宾语意愿的意义。(3) h 表示通过摄食动作获取。施动者通过摄食动作"吃"使直接宾语"饭"从间接宾语"他们"转移到己处。(3) i 表示通过抓捕行为获取。施动者通过具体的抓捕动作"抓"使直接宾语"俘虏"从间接宾语"他"转移到己处。

现代汉语"取得"类双宾构式"$SV_{取得}O_1O_2$"由以动词为代表的九个小类的构成①，其名称、形式、语义诠释和代表动词归纳如表2。

---

① 根据观察我们发现还有一类"涂抹"义双宾构式，例如"妹妹偷偷抹了姐姐一点化妆品。"既可表示取得也可表示给予，由于其类型频率不高文本频率也很低所以本书暂不讨论。

表 2　　　　　　　现代汉语"取得"类双宾构式的分类

名称	形式	语义诠释	代表动词
"取得"类	V$_{取}$O$_1$O$_2$	一般性获取	取　拿　得　取得　得到
"抢夺"类	V$_{夺}$O$_1$O$_2$	使用强力动作非正当获取	夺　抢　偷盗　抢夺　抢劫
"购买"类	V$_{买}$O$_1$O$_2$	以等价交换获取	买　批　批发　邮购　赊
"诓骗"类	V$_{骗}$O$_1$O$_2$	以语言及社会行为手段非正当获取	骗　诈　诓　诈骗　蒙
"扣留"类	V$_{扣}$O$_1$O$_2$	以强制手段或社会行为获取	扣　截　扣发　扣除　克扣
"租借"类	V$_{租}$O$_1$O$_2$	以等价交换或许诺归还获取	租　借　租借　租用　赁
"占据"类	V$_{占}$O$_1$O$_2$	以强力手段强行获取	占　占领　攻陷　攻破　霸占
"吃喝"类	V$_{吃}$O$_1$O$_2$	以摄食动作获取	吃　喝　吞　嗑　啃
"抓捕"类	V$_{抓}$O$_1$O$_2$	以抓捕行为获取	捉　抓　逮　俘获　俘虏

三　现代汉语"教示"类双宾构式

"教示"类双宾构式的句法形式为 [SV$_{教示}$O$_1$O$_2$]，意为主语 S 使或可能使直接宾语（信息）O$_2$ 被间接宾语 O$_1$ 获得。

"教示"类双宾构式的"形式—意义"的组配如下面所示：

形式：主语（S）　双宾动词（V）　间接宾语（O$_1$）　直接宾语（O$_2$）
　　　　｜　　　　　｜　　　　　　｜　　　　　　　｜
意义：　施动者　　导致获得　　　接受者　　　　获得相关信息

典型的现代汉语"教示"类双宾构式用例列举如下：

(4) a. 原来的学校，稍微教了我们一些这方面的技巧。
　　　　　　　　　　　　　　　　　　　　（《李敖对话录》）
　　b. 他就叮嘱相关人员："此事不必张扬。"
　　　　　　　　　　　　　　　　　（窦应泰《李嘉诚家族传》）
　　c. 我可以告诉你不出事的原因，我只骂他们，我没有挡他
　　　　们的财路。　　　　　　　　　　（《李敖对话录》）
　　d. 我想请教你一些有关中日关系史上的问题。
　　　　　　　　　　　　（《策马入林——林思云、马悲鸣对话》）
　　e. 如若裱好，你能否答应我一个要求？（孙方友《神裱》）

以上五个例句的语义语用特点分析如下。(4) a 表示以使对方获益而给予信息。主语"学校"为了让间接宾语"我们"某方面能力得到提高而使表示知识技能的直接宾语"一些这方面的技巧"为间接宾语所获得。(4) b 表示以得到配合为目的而给予信息。如施动者"他"为了得到间接宾语的配合按照信息所示行动而给予间接宾语信息,即直接宾语"此事不必张扬"。(4) c 表示一般性给予信息。施动者"我"使直接宾语"不出事的原因"为间接宾语所获得。(4) d 表示以获取新信息为目的而给予信息。主语"我"为了获得相关的新信息通过实施"请教"行为而给予间接宾语"你"信息,即直接宾语"一些有关中日关系史上的问题"。(4) e 表示以满足对方要求为目的而给予信息。主语"你"可能通过实施"答应"行为给予间接宾语"我"肯定的信息,从而使间接宾语在与直接宾语"一个要求"相关的方面得到满足。此处的直接宾语"一个要求"事实上是间接宾语"我"传递给主语"你"的信息,主语传递的肯定信息则直接包含在了动词"答应"里。

现代汉语"教示"类双宾构式"$SV_{教示}O_1O_2$"由以动词为代表的五个小类构成,其名称、形式、语义诠释和代表动词归纳如下表：

表 3　　　　　　现代汉语"教示"类双宾构式的分类

名称	形式	语义诠释	代表动词
"教授"类	$V_{教}O_1O_2$	以使对方获益而给予信息	教　教导　教训　劝　劝说
"嘱咐"类	$V_{嘱}O_1O_2$	以得到配合为目的给予信息	托　叮嘱　吩咐　交代　嘱咐
"告诉"类	$V_{告}O_1O_2$	一般性给予信息	告诉　转告　通知　提醒
"询问"类	$V_{问}O_1O_2$	表示以获取新信息为目的而给予信息	问　请教　咨询
"应答"类	$V_{答}O_1O_2$	以满足对方为目的的给予信息	答应　答复　回答　应承

四　现代汉语"称谓"类双宾构式

"称谓"类双宾构式的句法形式为 $[SV_{称谓}O_1O_2]$,意义为主语 S 使直接宾语（称谓）O_2 赋予间接宾语 O_1。

"称谓"类双宾构式的"形式—意义"的组配如下所示：

形式：主语（S）　双宾动词（V）　间接宾语（O_1）　直接宾语（O_2）
　　　　｜　　　　　｜　　　　　　｜　　　　　　｜
意义：　施动者　　　赋予称谓　　　接受者　　　　赋予物

典型的现代汉语"称谓"类双宾构式用例列举如下:

(5) a. 他本有职务,似乎叫小工队队长,可下边的人都喊他头儿。

(朱春雨《陪乐》)

b. 他的母亲气得直骂他"混小子"。

(孙孙、钱钧《天堂门前的新娘》)

c. 永远没有人把黑字印在白纸上称赞她一声"红颜"的。

(苏青《论红颜薄命》)

"称谓"类在语法形式上完全符合双宾构式的标准,但是在意义方面并不典型。它既不产生物体的空间位移也不产生典型的信息等非实物物体的传递。

以上三个例句的语义语用特点分析如下。(5) a 表示一般性的给予名称。主语"下边的人"给予间接宾语"他"一个称呼,即直接宾语"头儿"。其中不包含褒贬的感情色彩和其他语义语用含义。(5) b 以使对方受责备而给予名称。如施动者"他的母亲"为了使间接宾语"他"感到羞耻而临时给予间接宾语一个称呼,即是直接宾语"混小子"。其中蕴含了主语对间接宾语负面的主观评价。(5) c 的是一个否定句,其肯定形式表示以使对方受益而给予称呼。施动者"有人"为了使间接宾语"她"获得荣耀而给予间接宾语一个称呼,即直接宾语"红颜"。其中蕴含了主语对间接宾语主观上正面的评价。

现代汉语"称谓"类双宾构式"$SV_{称谓}O_1O_2$"由以动词为代表的三个小类构成,其名称、形式、语义诠释和代表动词归纳如下表:

表 4 　　　　　　现代汉语"称谓"类双宾构式的分类

名称	形式	语义诠释	代表动词
"称呼"类	$V_{称}O_1O_2$	一般性给予名称	称　叫　喊　称呼
"辱骂"类	$V_{骂}O_1O_2$	以使对方受责备给予名称	骂　辱骂　咒骂
"称赞"类	$V_{赞}O_1O_2$	以使对方受益给予名称	称赞　赞美　夸　夸奖

五　现代汉语"消除"类双宾构式

"消除"类双宾构式的句法形式为 [$SV_{消除}O_1O_2$],意义为主语 S 使或意图使直接宾语 O_2 从间接宾语 O_1 处消除。

"消除"类双宾构式的"形式—意义"的组配如下所示：

形式：主语（S） 双宾动词（V） 间接宾语（O$_1$） 直接宾语（O$_2$）
　　　　｜　　　　　｜　　　　　｜　　　　　｜
意义：　施动者　　导致消除　　受动者　　　被消除物

典型的现代汉语"消除"类双宾构式例句如下：

（6）a. 这两件事情都花费了我很多时间。

（对话\创业者对话创业者）

b. 要么有把柄在人家手里，要么花了人家大把的银子，于是，也"原则"不起来了。　　　（2000年《人民日报》）

c. 有利于消灭我国几千年的封建社会形成的男尊女卑、歧视妇女的封建文化残余影响。　　　　　　　　（当代\法律法规）

d. 昨日那"不请自来"的积水足足淹了她家6间铺面。

（新浪网新闻）

e. 中国已减免了44个发展中国家总计198笔价值约166亿元人民币对华债务。　　　　　　　　　　（中国政府白皮书）

以上五个例句的语义语用特点分析如下。（6）a 表示一般性的消除。主语"这两件事情"消除掉了原属于间接宾语"我"的直接宾语"很多时间"。这个小类在语义语用上与"取得"类有紧密的联系，某些"消除"结果的产生是以直接宾语被转移到未知处，其中没有蕴含主观评价和其他语义语用内涵。（6）b 与（6）a 同属一个小类，但是具体语义语用有所不同。未出现的施动主语消除掉了原属于间接宾语"人家"的直接宾语"大把的银子"。并且其中还蕴含了以施动主语取得直接宾语为前提的含义。（6）c 表示以获益为目的而消除。如未出现的施动者（所指应为"我们"或"国家"）以己方获益而消除了原本附着于间接宾语"我国"的直接宾语"几千年的封建社会形成的男尊女卑、歧视妇女的封建文化残余影响"，其中蕴含了施动者和间接宾语受益的主观评价。（6）d 表示消除且受损。施动者"'不请自来'的积水"消除了直接宾语"她家6间铺面"的实际使用价值，从而使间接宾语受损。（6）e 表示以使对方获益而消除。主语"中国"为了使间接宾语"44个发展中国家"减轻经济负担而消除了直接宾语"总计198笔价值约166亿元人民币对华债务"。

现代汉语"消除"类双宾构式"SV消除O₁O₂ 由"由以动词为代表的四个小类构成,其名称、形式、语义诠释和代表动词归纳如下表:

表 5　　　　　　现代汉语"消除"类双宾构式的分类

名称	形式	语义诠释	代表动词
"消耗"类	V耗O₁O₂	一般性消除	耗　花　费　消耗　花费
"消灭"类	V灭O₁O₂	以获益为目的而消除	炸　消灭　杀　聚歼　歼灭　拔除
"损毁"类	V损O₁O₂	消除且受损	打　淹　弄
"减免"类	V免O₁O₂	以使对方获益而消除	免　报销　减免　减

六　现代汉语"亏欠"类双宾构式

"亏欠"类双宾构式的句法形式为 [SV亏欠O₁O₂],意义为主语 S 使直接宾语 O₂ 应该却不能正常移到间接宾语 O₁ 处。

"亏欠"类双宾构式的"形式—意义"的组配如下所示:

形式:主语(S)　双宾动词(V)　间接宾语(O₁)　直接宾语(O₂)
　　　　|　　　　　|　　　　　　|　　　　　　|
意义:　施动者　　导致未转移　　未能接受者　　未转移物

典型的现代汉语"亏欠"类双宾构式例句如下:

(7) a. 老穆还欠他 20 块,他高兴得了不得了。

(赵易林《赵景深戒赌记》)

b. 厂长赖了我这笔债,我就要死了。

(毕淑敏《女人之约》)

以上两个例句的语义语用特点分析如下。(7) a 表示一般性的债权转移。主语"老穆"经过合理的行为方式让间接宾语获得等同于直接宾语"20 块"的债权。(7) b 表示使用非正当手段出现的债权转移。施动者"厂长"通过非正当手段使间接宾语"我"被迫获得债权。其中蕴含了主语受益而间接宾语受损的评价,同时还蕴含了道义上的评价。

现代汉语"亏欠"类双宾构式"SV亏欠O₁O₂"由以动词为代表的两个小类构成,其名称、形式、语义诠释和代表动词归纳如下表:

表 6　　　　　　　现代汉语"亏欠"类双宾构式的分类

名称	形式	语义诠释	代表动词
"欠该"类	$V_{欠}O_1O_2$	一般性的债权转移	欠　该　亏
"少赖"类	$V_{少}O_1O_2$	使用非正当手段出现的债权转移	短　少　赖

七　现代汉语"处罚"类双宾构式

"处罚"类双宾构式的句法形式为 $[SV_{处罚}O_1O_2]$，意义为主语 S 使或意图使直接宾语 O_2 转移离开间接宾语 O_1 处。

"处罚"类双宾构式的"形式—意义"的组配如下所示：

形式：主语（S）　双宾动词（V）　间接宾语（O_1）　直接宾语（O_2）
　　　　｜　　　　　｜　　　　　　｜　　　　　　　｜
意义：　施动者　　处罚导致转移　　失去者　　　　转移物

典型的现代汉语"处罚"类双宾构式例句如下：

(8) a. 大家议决罚他几石小米叫自卫队受训吃。

（赵树理《李家庄的变迁》）

b. "袭击者"还没收了我们四百多份病史和一些宣传材料。

（《读者（合订本）》）

以上两个例句的语义语用特点分析如下。(8) a 表示以惩罚为目的而使对方失去。主语"大家"为了让间接宾语"他"受的惩罚而决定使直接宾语"几石小米"从间接宾语"他"转移到别处。(8) b 表示以强制手段使对方失去原不应获得物。如主语施动者"袭击者"用强制手段使间接宾语"我们"失去施动者认为间接宾语不应保留的直接宾语"四百多份病史和一些宣传材料"。

现代汉语"处罚"类双宾构式"$SV_{处罚}O_1O_2$"由以动词为代表的两个小类构成，其名称、形式、语义诠释和代表动词归纳如下表：

表 7　　　　　　　现代汉语"处罚"类双宾构式的分类

名称	形式	语义诠释	代表动词
"罚没"类	$V_{罚}O_1O_2$	以惩罚为目的使对方失去	罚　处罚

续表

名称	形式	语义诠释	代表动词
"收缴"类	$V_{缴}O_1O_2$	以强制手段使对方失去原不应获得物	没收 抄收 查抄 收缴 抄没 抄获

八 现代汉语"施加"类双宾构式

"施加"类双宾构式的句法形式为[$SV_{施加}O_1O_2$],意义为主语S使直接宾语O_2转移并附着到间接宾语O_1上。

"施加"类双宾构式的"形式—意义"的组配如下所示:

形式:主语(S) 双宾动词(V) 间接宾语(O_1) 直接宾语(O_2)
　　　　|　　　　　|　　　　　　|　　　　　　|
意义:　施动者　导致转移附着　接受者　　转移/附着物

典型的现代汉语"施加"类双宾构式例句如下:

(9) 我的礼物狠狠吐了我一头一脸的奶水。

(张大春《我妹妹》)

例句的语义语用特点分析如下。(9)表示使某物转移并附着。施动主语"我的礼物"使直接宾语"一头一脸的奶水"转移并附着在间接宾语"我"的身体上。

现代汉语"施加"类双宾构式"$SV_{施加}O_1O_2$"仅包括一个以动词为代表的小类,其名称、形式、语义诠释和代表动词归纳如下表:

表8　　　　　现代汉语"施加"类双宾构式的分类

名称	形式	语义诠释	代表动词
"施加"类	$V_{施}O_1O_2$	使某物转移并附着	吐 溅

九 现代汉语"致使"类双宾构式

"致使"类双宾构式的句法形式为[$SV_{致使}O_1O_2$],意义为主语S使或意图使直接宾语O_2出现\附着到间接宾语O_1上。

"致使"类双宾构式的"形式—意义"的组配如下所示:

形式:主语(S) 双宾动词(V) 间接宾语(O_1) 直接宾语(O_2)
　　　　|　　　　　|　　　　　　|　　　　　　|
意义:　施动者　导致出现\附着　接受者　　出现\附着物

典型的现代汉语"致使"类双宾构式例句如下:

(10) 做噩梦了,大半夜的吓了我一身冷汗。　　(猫扑论坛)

例句的语义语用特点分析如下。(10) 表示未出现的施动主语(按上下文应为"噩梦")使直接宾语"一身冷汗"出现并附着在间接宾语"我"的身上。

现代汉语"致使"类双宾构式"$SV_{致使}O_1O_2$"仅包括一个以动词为代表的小类,其名称、形式、语义诠释和代表动词归纳如下表:

表9　　　　　　现代汉语"致使"类双宾构式的分类

名称	形式	语义诠释	代表动词
"致使"类	$V_{致}O_1O_2$	使某事物出现并附着	烫 吓 叮 掐 拧 拉 急 划 辣

十　现代汉语"掉落"类双宾构式

"掉落"类双宾构式的句法形式为 $[SV_{掉落}O_1O_2]$,意义为主语 S 使直接宾语 O_2 转移并附着到间接宾语 O_1 处。

"掉落"类双宾构式的"形式—意义"的组配如下所示:

形式:主语(S)　双宾动词(V)　间接宾语(O_1)　直接宾语(O_2)
　　　　｜　　　　　｜　　　　　　｜　　　　　　｜
意义:　施动者　　导致位移　　位移所处位置　　位移物

典型的现代汉语"掉落"类双宾构式例句如下:

(11) 掉地上一把扇子,老太太。　　(老舍《牛天赐传》)

例句的语义语用特点分析如下。(11) 表示某物位移并处于某处。施动者主语"老太太"使直接宾语"一把扇子"位移到间接宾语"地上"并处于间接宾语处。

现代汉语"掉落"类双宾构式"$SV_{掉落}O_1O_2$"仅包括一个以动词为代表的小类,其名称、形式、语义诠释和代表动词归纳如下表:

表10　　　　　　现代汉语"掉落"类双宾构式的分类

名称	形式	语义诠释	代表动词
"掉落"类	$V_{掉}O_1O_2$	某物位移并处于某处	掉 落 停

十一 小结

以上研究显示,以双宾动词的语义为依据,现代汉语中的双宾构式可以归纳总结出 10 个类别。这些不同的类的规模有大有小,特点也不尽相同。在语义语用特点方面,不同的类别既有共同之处也有各自不同的特点,体现出现代汉语双宾构式的语义语用特点具有很大的跨度。

第四节 现代汉语双宾构式的层级结构

本节根据第三章第三节中对现代汉语双宾构式的分类讨论归纳出它的构式层级结构,包括从最高层的宏观构式,两层中观中观Ⅰ和中观Ⅱ微观构式以及构例。

一 图式性构式的层级划分

特劳戈特(2008a,b)按图式性的程度把双宾构式分为四个层级:宏观构式、中观构式、微观构式和构例。宏观构式图式性程度最高,中观构式是特征相似的构式集合,微观构式是动词确定的比较具体的构式,构例是具体用例。现代汉语双宾构式是宏观构式,是完全图式性的表示过程意义的复杂构式。考察共时宏观构式及其包含的中观构式是研究构式特点和历时演化规律的一个重要基础。我们根据上节按照动词语义特点对现代汉语进行的分类归纳出中观Ⅰ和中观Ⅱ两个层级的中观构式,每个中观构式Ⅱ又包括数量不等的微观构式,微观构式由同一个双宾动词构成的构例组成。

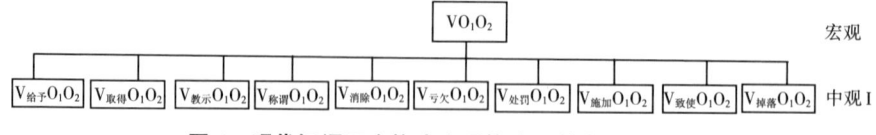

```
                        VO₁O₂                                    宏观
   ┌──────┬──────┬──────┬──────┬──────┬──────┬──────┬──────┬──────┐
V给予O₁O₂ V取得O₁O₂ V教示O₁O₂ V称谓O₁O₂ V消除O₁O₂ V亏欠O₁O₂ V处置O₁O₂ V施加O₁O₂ V致使O₁O₂ V掉落O₁O₂   中观Ⅰ
```

图 4 现代汉语双宾构式宏观构式及其中观Ⅰ图示

结合上一节的研究把现代汉语双宾构式的宏观构式及其中观Ⅰ列举如上图,后面的各个小节归纳中观Ⅰ的层级结构。

二 现代汉语"给予"类双宾构式层级结构

在对每个中观Ⅰ层级进行图示时,由于绝大多数中观Ⅱ中所包含的微观构式和每个微观构式所包含的构例数目比较多，因此不一一列举。微观构式只列举一个，构例一般只列举两个。比如在图5中，纵向为构式的层级，展示了"给予"类双宾构式在现代汉语双宾构式中的位置以及它自身的层级结构，横向中观Ⅱ为"给予"类包含的不同语义类的成员，微观构式层为各个中观Ⅱ包含的微观构式的示例。$V_{给予}O_1O_2$是属于宏观构式VO_1O_2的一个中观Ⅰ，$V_奖O_1O_2$是13个"给予"类中观Ⅱ中的一个。奖O_1O_2则是属于$V_奖O_1O_2$的微观构式中的一个，构例数量众多不再一一列举，仅例举两个句子。下面所有构的层级结构都按照这种方法图示。

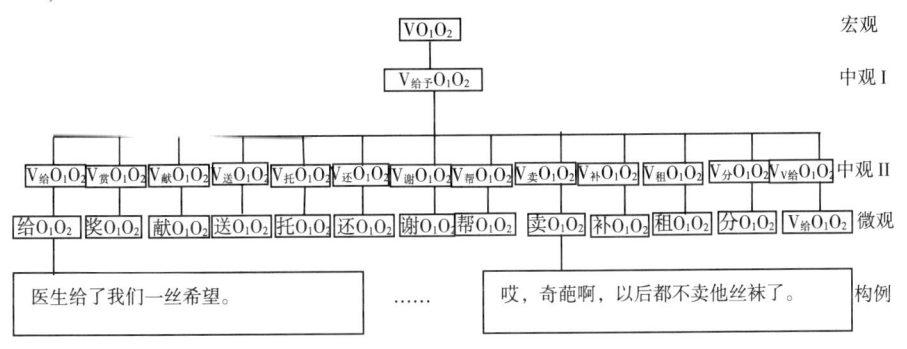

图5 现代汉语双宾构式中观Ⅰ"给予"类层级结构图示

三 现代汉语"取得"类双宾构式层级结构

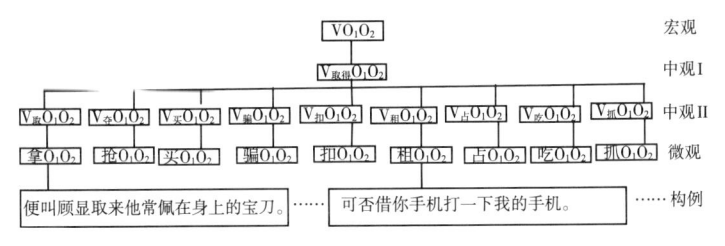

图6 现代汉语双宾构式中观Ⅰ"取得"类层级结构图示

四 现代汉语"教示"类双宾构式层级结构

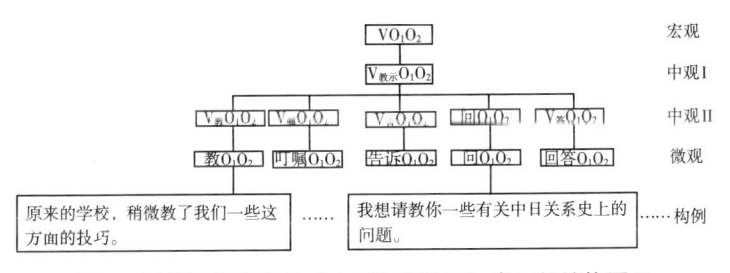

图7 现代汉语双宾构式中观Ⅰ"教示"类层级结构图示

五 现代汉语"称谓"类双宾构式层级结构

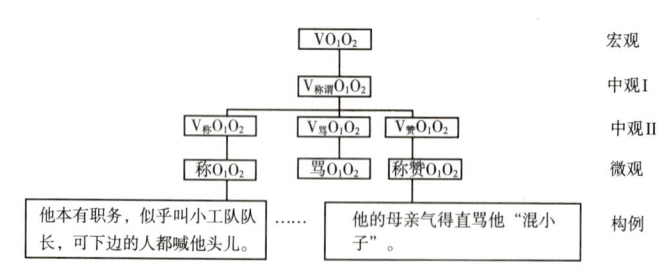

图 8 现代汉语双宾构式中观Ⅰ"称谓"类层级结构图示

六 现代汉语"消除"类双宾构式层级结构

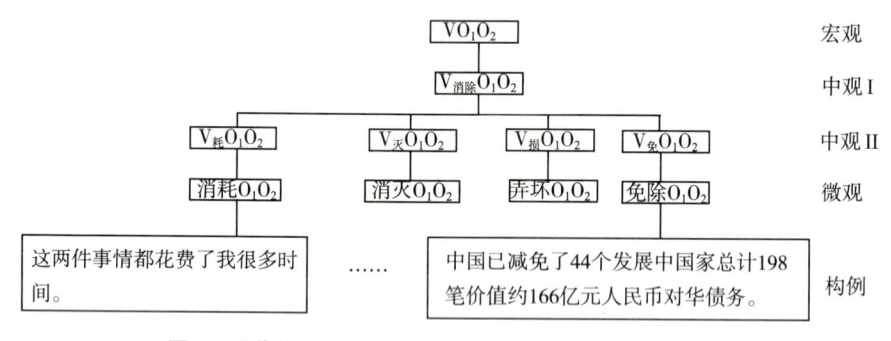

图 9 现代汉语双宾构式中观Ⅰ"消除"类层级结构图示

七 现代汉语"亏欠"类双宾构式层级结构

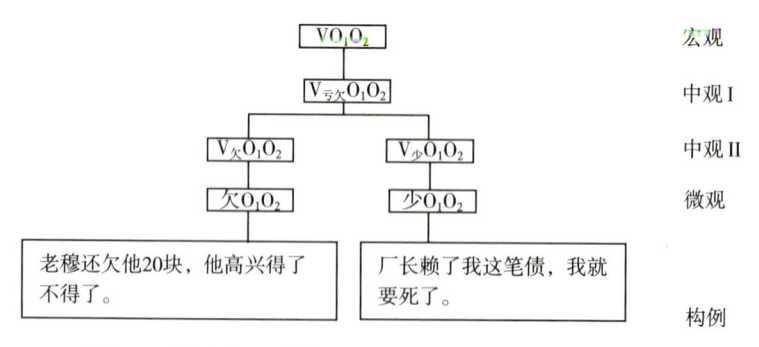

图 10 现代汉语双宾构式中观Ⅰ"亏欠"类层级结构图示

八　现代汉语"处罚"类双宾构式层级结构

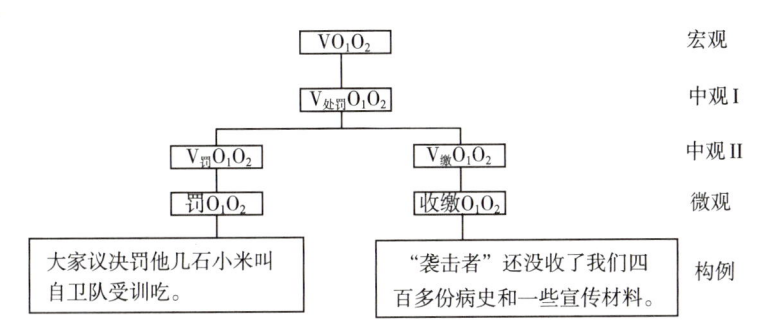

```
        VO₁O₂                      宏观
          │
        V处罚O₁O₂                   中观Ⅰ
       ┌──┴──┐
     V罚O₁O₂  V缴O₁O₂               中观Ⅱ
       │      │
     罚O₁O₂  收缴O₁O₂               微观
       │      │
  ┌────┴───┐ ┌──┴─────────┐
  │大家议决罚│ │"袭击者"还没│
  │他几石小米│ │收了我们四  │       构例
  │叫自卫队受│ │百多份病史和│
  │训吃。    │ │一些宣传材料│
  └────────┘ └────────────┘
```

图 11　现代汉语双宾构式中观Ⅰ"处罚"类层级结构图示

九　现代汉语"施加"类双宾构式层级结构

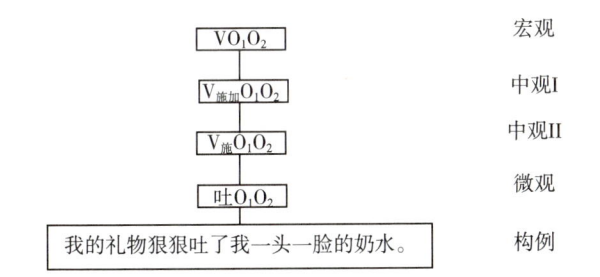

```
     VO₁O₂              宏观
       │
     V施加O₁O₂           中观Ⅰ
       │
     V施O₁O₂             中观Ⅱ
       │
     吐O₁O₂              微观
       │
  ┌────┴───────────┐
  │我的礼物狠狠吐了│    构例
  │我一头一脸的奶水│
  └────────────────┘
```

图 12　现代汉语双宾构式中观Ⅰ"施加"类层级结构图示

十　现代汉语"致使"类双宾构式层级结构

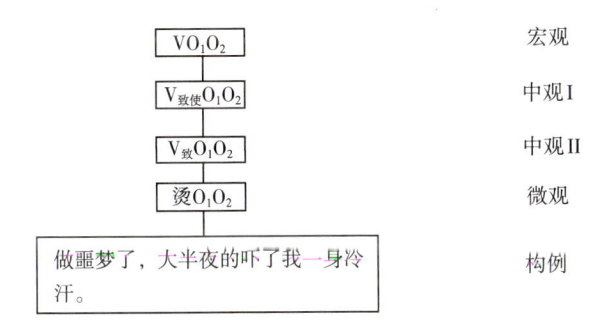

```
     VO₁O₂              宏观
       │
     V致使O₁O₂           中观Ⅰ
       │
     V致O₁O₂             中观Ⅱ
       │
     烫O₁O₂              微观
       │
  ┌────┴───────────┐
  │做噩梦了，大半夜│    构例
  │的吓了我一身冷汗│
  │。              │
  └────────────────┘
```

图 13　现代汉语双宾构式中观Ⅰ"致使"类层级结构图示

十一 现代汉语"掉落"类双宾构式层级结构

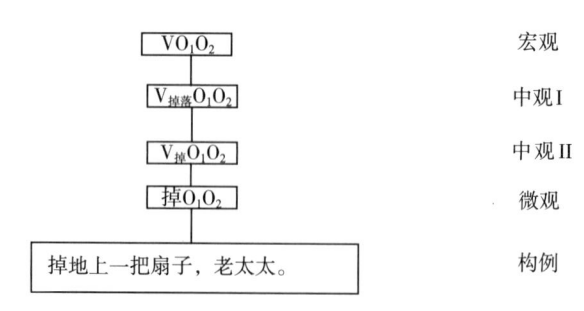

```
  VO₁O₂              宏观
  │
 V_掉落O₁O₂          中观Ⅰ
  │
 V_掉O₁O₂           中观Ⅱ
  │
 掉O₁O₂             微观
  │
掉地上一把扇子,老太太。  构例
```

图 14 现代汉语双宾构式中观Ⅰ"掉落"类层级结构图示

本节根据现代汉语双宾构式的分类归纳出其构式的层级结构,包括宏观构式和它包含的中观Ⅰ,及其各个中观Ⅱ和它们所包含下位层级的层级结构。图示显示,在统一的形式 V O₁O₂ 的形式下包含了 10 个中观Ⅰ,各个中观Ⅰ所对应的意义又有较大区别。每个中观Ⅰ又包含了数量不等的中观Ⅱ,同一类中观Ⅱ包含的不同微观构式所对应的意义又有差别。这种"形式—意义"组配的聚合和聚合之间的区别性一直到每一个具体的用例都存在。这说明在这个构式的层级中,越高层级的构式概括性就越强,所蕴含的意义就越丰富,构式的图式性程度就越高。最高层的 V O₁O₂ 在现代汉语双宾构式中蕴含的意义最丰富,概括性最强,图式性程度最高。

第五节 本章结论

本章在总结以往现代汉语双宾构式研究的基础上对现代汉语双宾构式进行分类考察。然后,根据构式语法归纳了现代汉语双宾构式的层级结构。现代汉语双宾构式的宏观构式包含了 10 个中观Ⅰ构式。其中"给予"类包含 13 个中观Ⅱ构式,"取得"类又包含 9 个中观Ⅱ构式,"教示"类又包含 5 个中观Ⅱ构式,"称谓"类又包含 3 个中观Ⅱ构式,"消除"类又包含 4 个中观Ⅱ构式,"亏欠"类和"处罚"类包含 2 个中观Ⅱ构式;"施加"类、"致使"类和"掉落"类只包含 1 个中观Ⅱ构式。

经过分类考察研究发现,除宏观构式外所有同一层级的类别都是按照共同的语义特点聚合到上一层级的构式之中,同时它们又具有某些区别于同层级其他构式的特点。主要可以归纳为三种语义特点。

首先是双宾动词本身表达的行为动作特点。例如"给予"类、"取得"类和"教示",它们都包含产生事物的位移或传递的语义。同时"给予"类蕴含物体空间的位移和从主语位移到间接宾语的意义,"取得"类蕴含物体空间的位移和从间接宾语位移到主语的意义,"教示"类蕴含信息的传递(非空间位移)和从主语传递到间接宾语的意义,它们任意两个之间都有不同的语义特点。

其次是双宾动词蕴含了一些所牵扯的参与者之间在该事件中的社会关系特点。例如"给予"类包含的次类"售卖"类、"酬谢"类和"归还",它们共同的语义语用特点就是物体从施动主语位移或传递到间接宾语处。同时,"售卖"类蕴含公平交易的意义,"酬谢"类蕴含施动主语曾经从间接宾语处受益的意义,"归还"类蕴含直接宾语原本属于间接宾语的意义。

最后是双宾动词是否蕴含和参与者相关的主观评价的特点。例如"取得"类包含的次类如"获取"类、"诓骗"类和"租借"类,主观评价是其区别性特点。"获取"类语义比较宽泛,不包含主观因素的评价,"诓骗"类句子本身蕴含了对此类行为贬义的评价,"租借"类句子本身不蕴含褒贬的评价但是蕴含了事件符合施动主语和间接宾语意愿的信息。我们发现层级结构基于语义类的集合层层归纳,导致出现层级越高构式的概括性和图式性程度就越高,容纳的语义类就越多,形式化的层级结构也就越复杂的特点。

现代汉语双宾构式的现状体现的是一个历时发展的结果,构式类别之间、类别内部的小类之间的差异是对历时发展的反映。要以事实证明这些就需要对双宾构式从历时发展的角度进行考察,探究其发展脉络。

接下来的第四章、第五章和第六章探讨汉语双宾构式从甲骨义时期到现代汉语的历时演化过程。这三章从历时构式语法的角度探讨汉语双宾构式的历时演化。我们主要借鉴历时构式语法理论的研究成果,按照图式性程度的不同从宏观构式、中观构式、微观构式和构例四个层级考察汉语双宾构式演化。本书选择出现年代早,存在时间久和语义类丰富的四个中观I构式,"给予"类、"取得"类、"消除"类和"教示"类分别考察了它们的演化发展,归纳总结演化特点和规律并进行更深入的理论探讨。

第四章

"给予"类双宾构式的演化

本章对汉语"给予"类双宾构式进行历时考察。主要包括两个部分。第一,考察"给予"类双宾构式次类的演化。第二,在此基础之上归纳"给予"类中观Ⅰ层级结构的演化并归纳"给予"类双宾构式演化的特点。由于"给予"类构式在甲骨文中已经存在,我们无从知晓其形成过程,因此讨论的问题是构式产生之后发生的一系列后构式化演化。

本章对"给予"类双宾构式进行历时考察。选择公元前13—前11世纪,公元前8—前2世纪,7—13世纪和14—20世纪四个历史时期进行考察探讨汉语双宾构式"给予"类的演化,20世纪至今的现代汉语我们已在第三章进行了考察。因为这几个时期在汉语的演化发展过程中处于非常重要的阶段。公元前13—前11世纪是双宾构式初现时期,公元前8—前2世纪和7—13世纪分别是上古汉语到中古汉语和中古汉语到近代汉语过渡的重要时期,14—20世纪是从古代汉语到现代汉语的转变时期,20世纪至今的现代汉语既是演变的积累也反映了最新的发展状态。再者,就"给予"类来讲这几个时期的语料也比较丰富,能够满足本书的考察需求。

我们的研究发现"给予"类双宾构式后构式化的演化特征是语义语用扩展,主要是指动词语义类别的持续扩展,动词所蕴含的参与者之间的社会关系变得更加丰富,动词所蕴含的行为动作的语义特征变得更加丰富。

后续第五章考察"取得"类,第六章考察"教示"和"消除"类,也基本按照本章的方法,具体讨论时会根据语料情况略有调整。

第一节 "给予"类双宾构式次类的演化

本节主要从历时的角度考察"给予"类双宾构式所包含次类的产生

和演化。主要从语义语用类别及其特点和中观构式的层级结构两个方面进行。

一 公元前13—前11世纪

沈培(1992)、喻遂生(2002)、张玉金(2004)以及张勇(2010)等都对甲骨文中出现的双宾构式进行了讨论。以往研究一般认为甲骨文中的双宾语句可以分为祭祀类和非祭祀类。由于语义以及句型结构上的差别，很大一部分祭祀类双宾构式和后代的双宾构式没有源流关系并且很快消亡，本书不做重点讨论。根据以上研究甲骨文中就出现了"给予"类双宾构式。[1] 本书主要借鉴张玉金(2004)和张勇(2010)的考察结果，根据其语义特点进行分类。这一时期"给予"类双宾构式已经包含"给""奖赏"和"奉献"三个小类，归纳如下表。

表11　　甲骨文时期"给予"类双宾构式的构成

形式	代表动词
$V_{给} O_1 O_2$	畀 降 作 肇
$V_{赏} O_1 O_2$	赐 受
$V_{献} O_1 O_2$	祭 夕 祝 飨 御 以 来

三个小类的例句如下，"给"类例句如例(1)[2]，"奖赏"类例句如例(2)，"奉献"类例句如例(3)。

(1) 贞：丁畀降作肇我束。
(2) 贞：翌乙亥易多射燕？

---

[1] 关于甲骨文中的双宾动词的数目各家观点也稍有出入。沈培(1992：80)列举了"授、赐、畀、求、乞、丏、降、作、以、肇"10个"予取"类双宾动词，其中"授、赐、畀、求、降、作、以、肇"8个属于"给予"类。喻遂生(2004：135—141)列举了"授、降、作、肇、赐、畀、来、氏、稟、飨、取、乞、得、丏"14个动词，其中"授、降、作、肇、赐、畀、来、氏、稟、飨"10个属于"给予"类。张勇(2010：50—54)列举了"授、降、作、肇、易(赐)、畀、来、以、䐝(稟)、乞、取"11个词。其中"授、降、作、肇、易(赐)、畀、来、以、䐝(稟)"9个属于"给予"类。

[2] 例句(1)、(3)转引自张玉金2001：197—201。例句(2)转引自张勇(2010：52)。

(3) 辰丙卜，尹贞：其夕父丁三牢。

此时的语义语用特点主要有"普通的转移"如例句（1）。裘锡圭（1980）认为"畀"意为"赐予、给予"。构式中的直接宾语可以是人也可以是物，可以是表示美好的事物如"福佑"也可以是表示不好的事物如"灾害"。这说明"畀"在语义上对与它搭配的直接宾语的要求比较宽泛，因此动词本身看作表示普通的"给予"意义比较合适。另一语义语用特点"社会地位有差异的参与者"如例句（2）和例句（3）。

沈培（1992）、喻遂生（2002）和张玉金（2004）等都对祭祀类双宾构式进行过讨论。我们认为"祭祀"类的确立并不是典型的以动词语义为标准的分类，而是以更宽泛的语境为基础的分类，即把出现在表示"祭祀"这个社会活动情境的双宾构式的动词归纳为一个类别。如果就句子本身或者动词本身的语义语用特点来分析的话有一部分是可以纳入"给予"类的范围，即"奉献"类。张玉金（2004：201）讨论了语义关系为"VO$_{神}$O$_{牲}$"的"祭祀"类双宾构式。作者并未对其内在语义语用特点进行分析。我们认为此类双宾构式如果从祭祀的角度来分析可以理解为"用某'牲'祭祀'某神'"，但是从另外一方面也可以解释为"奉献某'牲'给'某神'"。表示社会地位（自我评价）较不重要者或下级无偿的给予社会地位较重要者或上级。如例句（3），社会地位较低的施动主语"其"在祭祀活动中通过动作"夕"把直接宾语"三牢"奉献给社会地位更高更重要的间接宾语"父丁"。

用于祭祀的双宾动词还可以构成三宾语句，体现了此时动词后接宾语数量的不确定性。虽然并没有证据表明甲骨文中的双宾构式是汉语双构式的发端，但是我们认为至少甲骨文中的双宾构式处于演化的初期。原因是这个时期文献中的双宾动词类型单一且数量很少，宾语的结构顺序很不稳定，存在"动词+直接宾语+间接宾语"的语序，还存在间接宾语嵌在直接宾语中的句子，见管燮初（1986）。

二 公元前8—前2世纪

表12　　　　　春秋战国时期"给予"类双宾构式的构成

形式	代表动词
V$_{给}$O$_1$O$_2$	与　遗　诒　资　给

第四章 "给予"类双宾构式的演化　　55

续表

形式	代表动词
$V_{赏}O_1O_2$	赐 锡 怀 惠 宠
$V_{献}O_1O_2$	奉 献 共 奏
$V_{送}O_1O_2$	馈 归 馈 饩
$V_{托}O_1O_2$	委 托
$V_{还}O_1O_2$	返 归

与甲骨文时期相比较增加了三个类别，分别是"赠送"类、"委托"类和"归还"类。新增的三个类别"赠送"类例句如例（4），"委托"类例句如例（5），"归还"类例句如例（6）。

（4）阳货欲见孔子，孔子不见，归孔子豚。　（春秋《论语》）
（5）a. 夫狱，国之重官也，愿托之夫子。（战国《晏子春秋》）
　　b. 士有才行比于一乡，委之乡；才行比于一县，委之县；才行比于一州者州，委之丝；才行比于一国，委之国政。
　　　　　　　　　　　　　　　　　　　　　　　　（春秋《亢桑子》）
（6）使齐人归我汶阳之田。　　　　　　（春秋《左传·成二年》）

这一时期的"给予"类双宾构式的语序多为直接宾语在后间接宾语在前，与甲骨文不同而与现代汉语一致。但是我们发现"委托"类有直接宾语在后间接宾语在前，也有直接宾语在前间接宾语在后。如上文例句（5）a，直接宾语代词"之"（指代上文的"狱"）紧随双宾动词"托"，间接宾语"夫子"（即晏子）在直接宾语后。而（5）b则与现代汉语语序相同。语义语用特点增加了四个。第一个是"无偿地转移"，如例句（4），双宾动词"归"（即"赠送"）的施动主语"阳货"为使间接宾语"孔子"受益而把直接宾语"豚"无偿地转移到孔子处。第二个和第三个是"为得到帮助"和"给予处置权"，如例句（5）b。句中未现的施动主语（即"国君"）为了得到间接宾语"士"的辅佐，根据他们的才干而把间接宾语"乡、县、丝、国政"的处置和管理权从施动者处转移到间接宾语处。第四个是"所有权原属于接受者"，如例句（6）中双宾动词"归"（意为"归还"）的施动主语"齐人"把原本就属于间接宾语"我"

(接受者，指鲁国）的直接宾语"汶阳之田"的所有权转移到间接宾语处。

三 7—13 世纪

表 13　　　　　　唐宋时期"给予"类双宾构式的构成

形式	代表动词
V$_{给}$ O$_1$O$_2$	与　付　授　传
V$_{赏}$ O$_1$O$_2$	赐　拜
V$_{献}$ O$_1$O$_2$	献
V$_{送}$ O$_1$O$_2$	施　赠
V$_{托}$ O$_1$O$_2$	委
V$_{还}$ O$_1$O$_2$	还　返
V$_{谢}$ O$_1$O$_2$	酬　惭
V$_{帮}$ O$_1$O$_2$	周济　助　赞助
V$_{V与}$ O$_1$O$_2$	付与　度与　割与

与春秋战国时期相比较，唐宋时期的"给予"类双宾构式增加了三个类别，分别是"酬谢"类、"V 与"类和"帮助"类。新增了三个小类"酬谢"类例句如例（7），"V 与"类例句如例（8），"帮助"类例句如例（9）。

（7）得他一食，惭人一色，得他两食，为他着力。

（五代《敦煌变文》）

（8）单于闻语，遂度与天使弓箭。　　（五代《敦煌变文》）

（9）望大贤周济我两文钱，归乡去。　（宋《张协状元》）

此时的语序基本都是间接宾语在前直接宾语在后，与现代汉语相同。语义语用特点增加了三个。第一个是"表示感谢"如例句（7），句中未出现的施动主语（"凡人"），为了表达对"得他一食"的感谢，通过包含"酬谢、感谢"意义的动词"惭"使直接宾语"一色"（表示神色、表情）被间接宾语"人"收到。① 在这个过程中转移的是非具体的事物，

---

① 黄征、张涌泉（1997）《敦煌变文校注》认为"愧色"当即"惭人一色"之色。蒋礼鸿在（1981）《敦煌变文字义通释》也已于文字上给此句进行了明确校释。可解释为"容色、表情"。

既没有产生具体的空间转移也没有其他比较抽象的概念或权利的转移。第二个是"'V 与'中 V 语义受限不可单用",如例句(8)中施动主语"单于"通过动作"度与"使直接宾语"弓箭"转移到间接宾语"天使"处。而动词"度"本身是不可以直接充当双宾动词的。形式为 $V_1V_2O_1O_2$ 的双宾构式在汉代的时候已经出现,如《史记》中就有"卓王孙……厚分与其女财"的用例,相关论述具体请参见贝罗贝(1986),萧红(1999)和刘宋川(2001)等。我们之所以将"V 与"类归到唐宋时期是因为根据贝罗贝(1986),萧红(1999)等前贤的研究"V 与"类双宾构式在唐代逐渐稳定并固定为独立的一类。① "V 与"类与现代汉语中的"V 给"存在替换关系,我们在第七章讨论"V 与"的固定以及后来与"V 给"之间的替换过程。第三个是表示"接受者处于困境",如例句(9)中间接宾语"我"因陷困境希望施动主语能够通过"周济"行为把直接宾语"两文钱"转移到间接宾语处。

四 14—20 世纪

与唐宋时期相比较元明清时期的近代汉语中的"给予"类双宾构式新增了"售卖"类、"补偿"类、"租借"类和"分派"类四个次类。新增了四个小类,"售卖"类例句如例(10),"补偿"类例句如例(11),"租借"类例句如例(12),"分派"类例句如例(13)。

(10) 自熙宁权听通商,自此茶户售客人茶甚良。

(元《宋史》)

(11) 他有几个戚,一个个都替他荐了好馆,每年贴补他些银两。

(清《文明小史》)

(12) 皇后见弟如此说,遂召掌内库的太监,内库中借他镇库之宝。

(明《喻世明言》)

(13) 你可看做爹的面上,替他娶房媳妇,分他小屋一所,良田

---

① 贝罗贝(1986)认为从唐初起,实现了如下所示的变化:动$_1$+动$_2$(与、予、遗)>动$_1$+动$_2$(与)。而变化的原因是"与"是表示"给予"概念的动词中最普遍的一个。萧红(1999)虽然不尽同意贝文的所有观点,但是也认为最后统一为"与"都大约在唐五代,但统一为"与"的过程有过反复,唐五代时动$_2$才又基本统一为"与"。

五六十亩，勿令饥寒足矣。　　　　　　　　　（明《喻世明言》）

表 14　　　　　　　近代汉语"给予"类双宾构式的构成

形式	代表动词
$V_{给}O_1O_2$	与　送　赔　交付　交纳　添　递
$V_{赏}O_1O_2$	赏　赐　封　打发　管待
$V_{献}O_1O_2$	献　奉　孝顺
$V_{送}O_1O_2$	回　答贺　赠与　饶让
$V_{托}O_1O_2$	托　托付
$V_{还}O_1O_2$	还　找还　反
$V_{谢}O_1O_2$	酬　酬劳　致　请　恕
$V_{帮}O_1O_2$	照顾　资助　布施　救　周济
$V_{卖}O_1O_2$	售
$V_{补}O_1O_2$	补　补偿　补充　补发　补贴　赔
$V_{租}O_1O_2$	租　借
$V_{分}O_1O_2$	分
$V_{V与}O_1O_2$	透与　把与　倒与　批与　斟与　写与　说与

语义语用特点增加了四个。第一个是"公平交易"。如例句（10）中施动主语"茶户"通过交易活动"售"把直接宾语"茶"转移到间接宾语"客人"处。第二个是"通过某些方法减少损失或差额"。如例句（11）中施动主语（即前文中的"几个亲戚"）通过"荐了好馆"的"补贴"行为帮助间接宾语"他"，使直接宾语"银两"转移到间接宾语处。根据上下文间接宾语"他"在生活中经济条件应有所不足，因此有弥补所缺的意义。第三个是"以公平交易或接受者许诺归还为前提"。如例句（12）中施动主语"皇后"以间接宾语"他"（即指前文中皇后的弟弟）许诺归还为前提把直接宾语"库中镇库之宝"转移到间接宾语处。第四个是"基于所有权"，如例句（13）中说话人希望施动主语"你"能够基于自己的所有权把间接宾语"小屋一所"和"良田五六十亩"的所有权转移到间接宾语"他"处。

现代汉语的类别与元明清时期基本一致数量相同，只有"V 与"类被"V 给"类替换的变化。语义语用特点变得更加丰富，尤其是"V 给"中的动词 V 可以用各种不含"给予"意义的动词充当，如"制作"意的动词"写、画、织、编"等，甚至动词所表示的方向与"给予"类完全相反的"取得"类动词，如"拿、偷"等也可以进入。

综上所述，新的"给予"类双宾构式的次类会在不同时期会出现。因为这些次类本身只有双宾动词的语义类是比较确定的，其他构成部分都可以用符号表示，所以这些次类本身也是完全图式性的，都可以用"VO_1O_2"这样的图式性结构来代表，其中的 V 是语义上属于"给予"义动词的一个次类，它们所代表的构式可以归入"给予"类双宾构式"$V_{给予}O_1O_2$"中。

第二节 "给予"类双宾构式层级结构的演化

本节我们考察不同时期"给予"类双宾构式的层级结构。

一 公元前13—前11世纪"给予"类双宾构式层级结构

甲骨文时期的"给予"类中观 I 的层级结构比较简单。如下图所示，包含三个中观 II，分别是 $V_{给}O_1O_2$、$V_{赏}O_1O_2$ 和 $V_{献}O_1O_2$。由于微观构式和构例数量较大，所以不做穷尽性列举只做列举。微观构式层级只为每个中观 II 列举一个成员，分别是"遗 O_1O_2""易 O_1O_2"和"夕 O_1O_2"。构例层面一般选择新出现的两个中观 II 和它们的一个微观构式，列举出其中一个构例。"给予"类选择了"易 O_1O_2"和"夕 O_1O_2"微观构式列举其中的两个句子。下文所有层级结构的历时考察都按照这个方法进行。

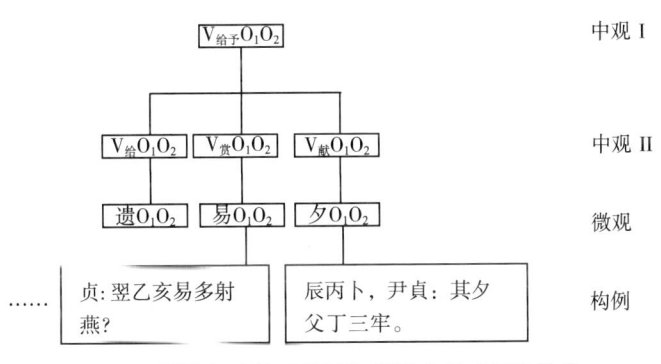

图 15 甲骨文时期"给予"类双宾构式层级结构

二 公元前 8—前 2 世纪"给予"类双宾构式的层级结构

春秋战国时期的"给予"类双宾构式中观 II 层级变得复杂起来,增加了三个中观 II 共有六个成员。

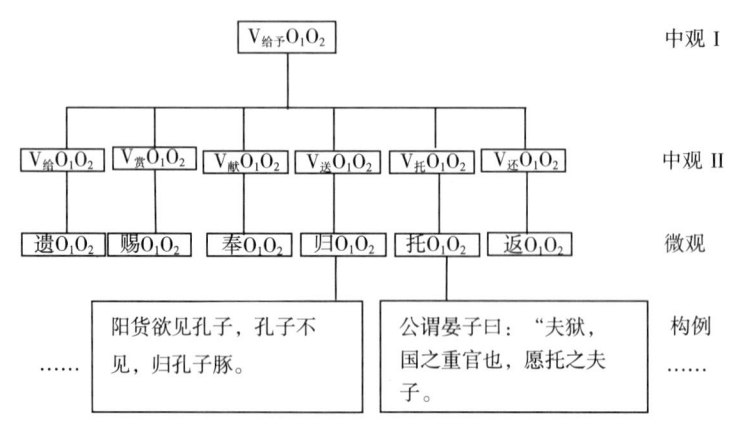

图 16 春秋战国时期"给予"类双宾构式层级结构

三 7—13 世纪"给予"类双宾构式层级结构

唐宋时期"给予"类双宾构式中观 II 比春秋战国时期增加了三个中观 II,共有 9 个成员。这一时期有一个值得注意的变化,即出现了"$V_{V与}$"类的中观 II 见本章和第七章的相关讨论。

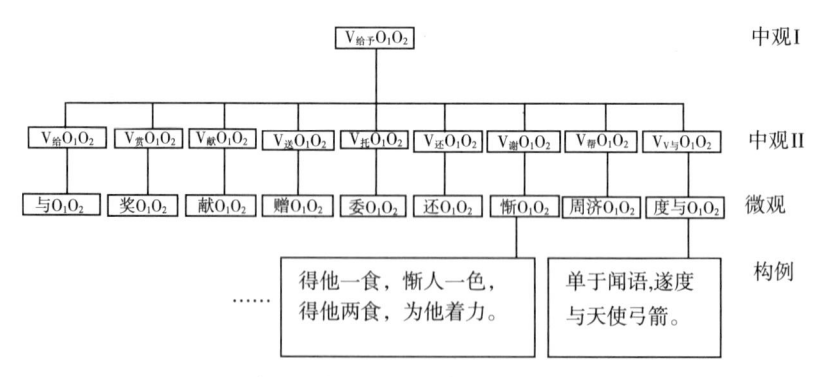

图 17 唐宋时期"给予"类双宾构式层级结构

四 14—20世纪"给予"类双宾构式层级结构

14—20世纪时期"给予"类双宾构式中观Ⅱ共有13个成员，比唐宋时期增加4个。现代汉语"给予"类双宾构式的层级结构与本时期一致，主要的变化在于双宾动词"V与"和"V给"之间的替换，见本章和第七章的相关讨论。

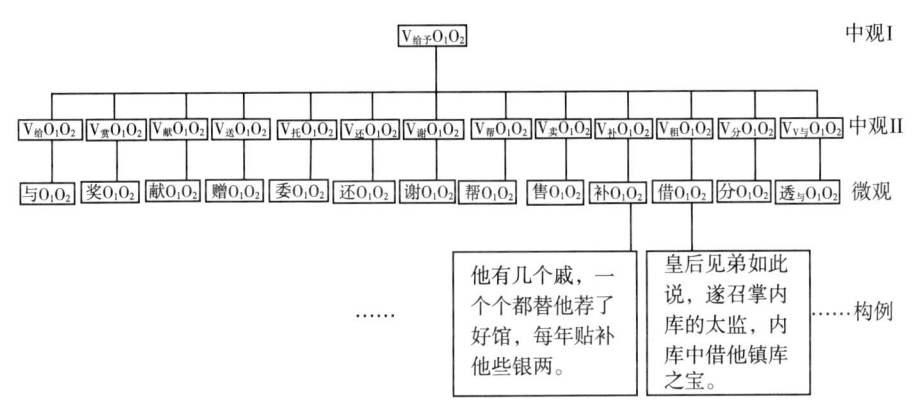

图18 近代汉语"给予"类双宾构式层级结构

五 演化脉络归纳

根据我们的调查汉语"给予"类双宾构式的历时演化脉络如表15所示：

表15 "给予"类双宾构式演化脉络

时期	前13—前11世纪	前8—前2世纪	7—13世纪	14—20世纪	20世纪至今
种类	$V_{给}O_1O_2$　$V_{赏}O_1O_2$	$V_{给}O_1O_2$　$V_{赏}O_1O_2$	$V_{给}O_1O_2$　$V_{赏}O_1O_2$	$V_{给}O_1O_2$　$V_{赏}O_1O_2$	$V_{给}O_1O_2$　$V_{赏}O_1O_2$
	$V_{献}O_1O_2$	$V_{献}O_1O_2$　$V_{送}O_1O_2$	$V_{献}O_1O_2$　$V_{送}O_1O_2$	$V_{献}O_1O_2$　$V_{送}O_1O_2$	$V_{献}O_1O_2$　$V_{送}O_1O_2$
			$V_{托}O_1O_2$　$V_{还}O_1O_2$	$V_{托}O_1O_2$　$V_{还}O_1O_2$	$V_{托}O_1O_2$　$V_{还}O_1O_2$
			$V_{谢}O_1O_2$　$V_{帮}O_1O_2$	$V_{谢}O_1O_2$　$V_{帮}O_1O_2$	$V_{谢}O_1O_2$　$V_{帮}O_1O_2$
			$V_{与}O_1O_2$	$V_{卖}O_1O_2$　$V_{补}O_1O_2$	$V_{卖}O_1O_2$　$V_{补}O_1O_2$
				$V_{租}O_1O_2$　$V_{分}O_1O_2$	$V_{租}O_1O_2$　$V_{分}O_1O_2$
				$V_{V与}O_1O_2$	$V_{V给}O_1O_2$
数量	3	6	9	13	13

根据以上调查可以看出,中观Ⅱ的数量在历时演化过程中有明显的增长趋势。

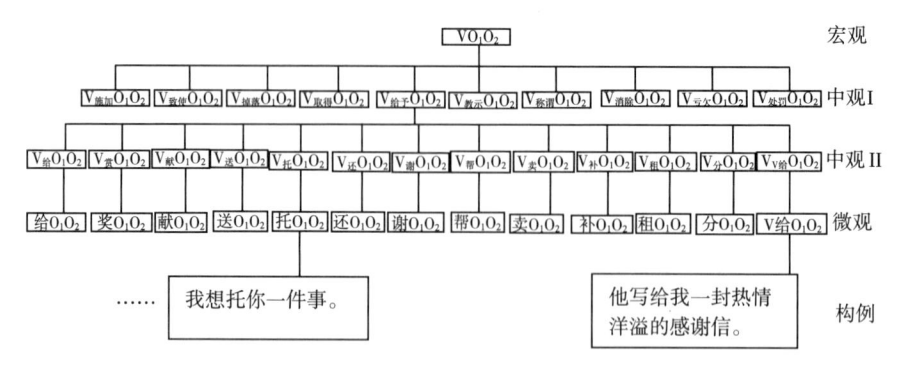

图 19　现代汉语"给予"类双宾构式中观Ⅰ层级结构
及其在宏观构式中的位置

上图简要归纳了现代汉语双宾构式的层级结构以展示"给予"类双宾构式在宏观构式中的位置及其与同层级其他中观构式的关系。这样就可以比较直观的观察"给予"类双宾构式的层级扩展对汉语双宾构式宏观构式的作用。

六　"给予"类双宾构式中的"V与"和"V给"

汉语双宾构式中曾经出现过的"V与"和现存的和"V给"的形成和替换是一个比较特殊的现象。汉语双宾构式"VO_1O_2"历时演化中,V出现从V变成V_1V_2的过程,"与"是这个过程中产生的两个固定V_2中的第一个,第二个是现代汉语中的"给"。"与"是经过和其他动词竞争取得了充当固定V_2的资格,之后在近代汉语中,被现代汉语普通话口语中唯一出现在双宾构式V_2位置上的"给"取代。

(一) 双宾构式中的"V与"

"与"在"V_2"的位置上固定下来主要有三个因素:第一,汉语语言系统的发展,即"V_2"位置的出现。这与汉语历史上的双音节化的趋势有关。第二,使用的高频率。第三,"与"自身的演化,演化成介词的"与"更适宜出现在"V_2"的位置上。贝罗贝(1986)认为包含两个动词连用的双宾构式"$V_1+V_2+NP_1+NP_2$"出现在汉代并且V_2已基本固定为

"与、予、遗"三个动词①,又经历过专门化唐代固定成"与"。双宾构式中的 V₂ 的出现与汉语双音节化的趋势有关。双音节化现象有很多学者都讨论过,如董秀芳(2002),石毓智(2002),吴为善(2003)等。同义连用的双音节化给双宾构式中的 V₂ 提供了一个合适的句法位置。② 使用频率高也是"与"在竞争中成为固定的 V₂ 的条件。同时期出现在 V₂ 位置上的其他动词中,比较有竞争力的是"予、遗"。根据刘宋川(1998,1999,2001)③ 和我们的调查统计"与"的笼统频率和临界频率都大大高于其他两者。④

(二)"给"对"与"的替换

动词"给"在汉魏六朝时期就可以进入双宾构式如例句(14)。

(14) 始高祖微时,有急,给高祖一马。

(汉《史记·高祖功臣侯者年表六》)

---

① 贝罗贝(1986)所举句例如"卓王孙……厚分与其女财/分予文君僮百人"等。时兵(2007)则认为在先秦时期就有不少双宾动词连用的例子,如"赏赐、赐赏、赐休、休赐、赐侯、惠赐、付复、取征、作为"等。我们认为时文所举动词连用都是两个意义相近的给予义动词的连用没有明显的规律可循也不稳定。

② 同义连用在先秦很常见也并非仅限于动词,有动词连用也有名词连用,比如《左传》中就有像"逾越险阻"这样的用例。

③ 根据刘宋川(1998,1999,2001)的调查,双宾动词在先秦和两汉时期使用频率前三位动词为"与""予"和"遗",它们在先秦时期的频率分别为156、49和4,在两汉时期的频率分别为126、56和84。

④ 关于笼统频率和临界频率见彭睿(2011)的讨论。本书对 CCL 语料库先秦至东汉时期的文献进行搜索,仅针对"与""予"和"遗"三个词进行了特定用例的抽样调查,考察主要关注两个方面:a."V+之+X"的笼统频率,因为它是可能构成典型双宾构式"V+之+O₂"的用法,可以从宏观上反映后面"X"的语义的多样化程度;b."V+之+X"中"X"词类范畴不明(名词或动词)的情况,这就是临界环境,这可以反映出"V+之+NP>V+之+VP"(临界环境)出现的临界频率的高低。结果显示,"与+之+X"的笼统频率是589,"予+之+X"的笼统频率是82,"遗+之+X"的笼统频率是47,反映出"与+之+X"的使用更加普遍,"X"语义的多样化程度也可能更高。"与+之+X"中"X"存在较多动词或名词此类范畴不明的情况,而"予/遗+之+X"中"X"则未见这种情况。如下面四例:

明日早,令人求故人。故人来,方与之食。　　　　　　　　(《韩非子》)
伍子胥说之半,干予并举帷,搏其手而与之坐。　　　　　　(《吕氏春秋》)
与之举措迁移,而观其能应变也;与之安燕,而观其能无流慆也。(《荀子》)
千乘之君求与之友,而不可得也,而况可召与?　　　　　　(《孟子》)。

到了唐朝时期就已经有"V给"的用法，如例句（15）。

（15）丙申，遣使巡，赐给医药。　　　（唐《南史·文帝纪》）

但是一直到近代汉语中"V给"才大规模地替代"V与"。根据李炜（2002）对《红楼梦》前80回进行的统计，"给"出现了667次"与"出现了505次。《红楼梦》后40回"给"出现了383次"与"出现了54次。对《儿女英雄传》进行的统计"给"出现了1045次"与"只出现了9次。而在《骆驼祥子》中"与"已经没有动词和介词的用法只有连词用法。这个统计显示，从18世纪早中期到19世纪中期再到20世纪早中期"给"的出现频率比例激剧上升，"与"的出现频率比例大幅降低近于绝迹。

这说明《红楼梦》正处于"给"对"与"的词汇更替阶段。从引用的数据和分析中我们都可以看到从《红楼梦》前80回到《儿女英雄传》，"给"无论作动词、介词还是动作性减少的动词，整体上都呈现出不断发展壮大的趋势，"与"则在整体上都后退萎缩。在《红楼梦》前80回里连词"与"出现了343次，比动词和介词"与"505次低32%，但随着动词和介词"与"的衰退，这个比例在《红楼梦》后40回里就完全翻转过来了，连词"与"出现了160次比动词和介词"与"的54次高出了近两倍。《红楼梦》后40回时"与"已全面丧失了与"给"的竞争能力，到了《儿女英雄传》时"与"已基本上被"给"取代。在此之后动词和介词"与"就从现代汉语中全面消失了，与此同时作为连词的"与"保留了下来。

"与"在古代汉语中是个使用频率非常高，语法意义非常丰富的词，曾经可以作为名词、动词、介词、连词等使用。"与"共时层面同时存在过的动词、介词和连词都很常用，而且其中的介词又包含了几种不同的语法意义。语法意义丰富的另一面是语法负担沉重，当负担达到一定程度时"与"承担的语法功能就需要由某些其他和它意义相近的词来承担。先秦就已经存在的"给予"类动词"给"在语义上非常的普通，充当过双宾动词又曾经出现在"给予"意义的 V_1V_2 的 V_2 位置上，从词汇意义和语法功能讲都是最佳的替代选择。而之所以到近代才大规模替换，我们推测应该是在近代之前的一段时期里出现了压死"V与"这个骆驼的最后一根稻草，即在唐代"与"的与格介词功能形成，导致这一替换过程的开始。① 到近代时期，出现"给"对"与"的大规模替换，最终"与"的动词和介词功能被完全替代。

第三节　本章结论

各个时期出现的新语义类别归纳见下表。

表 16　　　　"给予"类双宾构式各新语义类别出现年表

前13—前11世纪	前8—前2世纪	7—13世纪	14—20世纪	20世纪—
给　奖赏　奉献	赠送　委托　归还	酬谢　帮助　V与	售卖　补偿　租借　分派	V给

总结"给予"类双宾构式的演化我们可以发现演化初期构式的语义宽泛，公元前13—前11世纪最早出现的"给"类仅表示转移过程，动词内涵少且不是具体的动作，"奖赏"类和"奉献"类突出了施动者和接受者的社会地位高低。新增小类一般在表示转移的基础上还蕴含其他语义特点，主要是指"给予"类双宾动词表达的社会关系更加明确细致，其次有些表示行为动作的意义也更具体。例如公元前8—前2世纪出现的"委托"类表示施动者目的是得到接受者的帮助，"归还"类表示被转移物原本的所有权是属于接受者的。7—13世纪出现的"酬谢"类蕴含了施动者实施给予行为的原因及目的是为了感谢接受者，"帮助"类蕴含了接受者处于困境之中，这也是施动者实施给予行为的原因。"V与"类的出现使本来因为自身语义特点而受限的动词可以进入双宾构式。14—20世纪进一步扩展。出现的"售卖"类和"租借"类蕴含了给予行为产生的前提，即通过公平交易或许诺归还。"补偿"类蕴含了施动者实施给予行为的原因，即接受者受损或所需存在差额。"分派"类蕴含了施动者对转移物有实际所有权或占有权，给予行为是以此为条件而产生的。在现代汉语中则主要体现了中观Ⅱ所蕴含的更加丰富而细致的语义语用特点，见第四章第一节和第三章相关分析。根据以上分析，我们可以发现"给予"类双

---

① 贝罗贝（1986）认为"与"在双宾构式中出现介词用法成为与格介词的时间是在唐代，即当"V与+NP"其中的NP不可作为实物传递时，如"某因说与他道"（《朱子语类》）。

宾构式演化特点有：第一，构式对动词进入的限制逐渐减少。第二，构式的扩展以双宾动词的语义特征为脉络。比较显著的特征是施动者与接受者之间社会属性的关系。这个问题我们将在第七章中详细探讨。

彭睿（2013）发现汉语溯因兼语构式的演化存在包容性和图式性程度的二维循环扩展。本章的考察分析支持这种观点，研究发现在历史演化中"给予"类双宾构式也遵循了二维循环扩展的规律。不同语义类别的动词进入"给予"类双宾构式，使构式的语义语用内涵更加的丰富，构式的包容性增加。汉语"给予"类双宾构式图式性程度的扩展是指随着构式所容纳的动词的语义类别越来越多，构式所涵盖的语义更加丰富，构式的整体意义也就会更加抽象，图式性程度也会增加。二者在演化中有互相促进的作用，包容性的增强使构式能够容纳更多的语义内容，对构式的概括性就增强，对图式性程度的提高有促进作用。图式性程度的提高使构式的整体意义更加抽象化，对进入构式动词的具体语义限制也会减少，从而促进更多语义类别的动词进入构式，使其包容性增加。由此我们可见"给予"类双宾构式的演化是一个构式的语义语用和图式性程度不断扩展的二维循环过程。附表：

表 17　　　　　　　　现代汉语"给予"类双宾动词

名称	代表动词
"给"类	寄　给　传　递　扔
"奖赏"类	奖　奖励　授予　赐　赏赐
"奉献"类	献　贡献　孝敬　敬
"赠送"类	赠送　送　转赠　捐赠　馈赠
"委托"类	委托　托　拜托　嘱托　托付
"归还"类	还　偿还　发还　归还　退还
"酬谢"类	答谢　酬谢
"帮助"类	帮　搭　帮助　资助　补贴
"售卖"类	卖　出售　赊
"补偿"类	补　补偿　补给　赔　赔偿
"租借"类	租　借
"V给"类	拉给　切给　写给　画给　编给
"分派"类	派　安排　分配　调配　批

第五章

"取得"类双宾构式简史

本章对汉语"取得"类双宾构式进行历时考察。主要包括两个部分。第一,考察"取得"类双宾构式次类的演化。第二,归纳"取得"类中观Ⅰ构式层级结构的演化,并在此基础上总结"给予"类双宾构式演化的特点。与"给予"类双宾构式相同,"取得"类双宾构式在甲骨文中也已经存在,无从考察其形成过程,讨论的问题也是后构式化演化。

对"取得"类双宾构式的考察,我们也选择公元前13—前11世纪,公元前8—前2世纪,7—13世纪,14—20世纪四个历史时期进行考察,原因与第四章对"给予"类的讨论相同。

我们发现"取得"类双宾构式后构式化演化的特征也是语义语用的扩展。主要是动词语义类别的持续扩展,动词所蕴含的动作性变得更加具体。从表达具有空间意义的动词扩展到可以表达包含言语行为意义的动词,从表达实物空间转移的动词到表达抽象概念转移的动词,动词所蕴含的社会意义方面的属性也变得更丰富。

第一节 "取得"类双宾构式次类的演化

本节从历时角度考察"取得"类双宾构式次类的产生和演化,分析其语义语用类别及特点。

一 公元前13—前11世纪

表18　　甲骨文时期"取得"类双宾构式的构成

形式	代表动词
$V_{取}O_1O_2$	受

"取得"类双宾构式最早可见于西周早期,只有一个小类"取",例句如下。

(1) 献身在毕公家,受天子休。

（西周早期《献簋·集成 8.4205》）①

根据张玉金（2004）、时兵（2002）等的考察甲骨文中就出现了"取得"类双宾构式。但我们考察发现甲骨文中的现有句例都是直接宾语在前间接宾语在后的语序,与本书对双宾构式的定义不符。最早出现的"取得"类双宾构式应是在西周早期,与甲骨文后期相去不远。这一时期的"取得"类双宾构式的语义语用特点也相对简单。如上面的例句（1）,施动主语通过双宾动词"受"的行为使直接宾语"休"（奖赏）转移到己处,是比较普通的获取意义,包含了较简单的实物空间转移意义。

我们认为这一时期的"取得"类双宾构式也处于演化的初期。原因是这个时期的双宾动词类型单一,数量很少,宾语的结构顺序很不稳定,存在"动词+直接宾语+间接宾语"的格式,还存在间接宾语嵌在直接宾语中的句子见管燮初（1986）。另外,最早出现的"取得"类和"给予"类相似,在句法和语义上都与其后各个时期有较大的差别（"给予"类相关论述见第四章第一节）。

二 公元前8—前2世纪

表 19　　春秋战国时期"取得"类双宾构式的构成

形式	代表动词
$V_{取}O_1O_2$	取 得 授 受
$V_{夺}O_1O_2$	夺 窃 攘
$V_{买}O_1O_2$	贾

这一时期"取得"类双宾构式共有三个小类,出现了两个新成员"抢夺"和"购买"类。"取得"类双宾构式归纳如上表。新增的两个小类"抢夺"类例句如例（2）,"购买"类例句如例（3）。

---

① 例句（1）转引自转引自张美兰,刘宝霞（2011）。

(2) 大家伐其小家，夺之货财，则寡人必将厚罚之。

(战国《墨子·鲁问》)

(3) 齐高固入晋师……曰："欲勇者，贾余余勇。"

(战国《左传成公二》)

此时"取得"类双宾构式语序多为直接宾语在后间接宾语在前，与甲骨文不同而与现代汉语一致。语义语用特点增加了五个。第一个是"使用强力动作"，如例（2）中施动主语（即前文出现的"大家"）通过强力动作使直接宾语"货财"从间接宾语处转移到己处。第二个是"等价交换"，如例句（3）。句中说话人希望或煽动施动主语"欲勇者"通过等价交换的交易活动使直接宾语"余勇"从间接宾语处转移到己处。第三个是"符合主语意愿"，如例句（2）中施动者按照自己的意愿实施强力动作使间接宾语转移到己处；例句（3）中，施动主语按照自己的意愿进行交易活动，使直接宾语转移到己处。第四个是"违反间接宾语意愿"。如例句（2）句中施动主语实施强力活动"夺"时，必定违反了间接宾语"之"的意愿。第五个是"符合间接宾语意愿"，例句（3）中的交易活动实现则是应间接宾语的要求进行并且达成，那么一定是间接宾语和施动主语协商一致的结果，既符合施动主语的意愿也符合间接宾语的意愿。此后"取得"类双宾构式在很长一个历史时期内变化不大。

三 7—13 世纪

表20　　　　　唐宋时期"取得"类双宾构式的构成

形式	代表动词
$V_{取}O_1O_2$	得　见　乞　烦　索
$V_{夺}O_1O_2$	夺　劫
$V_{买}O_1O_2$	买
$V_{骗}O_1O_2$	骗　吓骗　哄骗　诱骗

"取得"类双宾构式到了唐宋时期才又出现了新成员"诓骗"类，归纳如上表。增加了一个小类——"诓骗"类，例句如下。

(4) 每日间只是吓骗人东西，将来过日子。

(南宋《错斩崔宁》)

这一时期语义语用特点增加了一个，即"语言及社会行为手段"如，例句（4）。句中未出现的施动主语通过"吓骗"的手段使直接宾语"东西"从间接宾语处转移到己处。"吓骗"则蕴含了一系列复杂的行为，可以包括言语行为和肢体动作，也可以包含一系列为达到目的而设定好的计策等。

四 14—20 世纪

表 21　　　　　近代汉语"取得"类双宾构式的构成

形式	代表动词
$V_{取}O_1O_2$	取　拿　讨　受　要　收　留　撰　赢　得　落　领　接　拣
$V_{夺}O_1O_2$	拐　夺　拦夺　贪　掣取　溜　抢夺　摄
$V_{买}O_1O_2$	买　贷　贷过
$V_{骗}O_1O_2$	骗　诈　讹　图　图谋　蒙
$V_{吃}O_1O_2$	吃　喝
$V_{占}O_1O_2$	贪　托赖　难为
$V_{扣}O_1O_2$	拘留
$V_{租}O_1O_2$	租借
$V_{抓}O_1O_2$	抓　俘获

自宋以降是"取得"类双宾构式激剧扩展的时期。出现了"吃喝""占据""扣留""租借"和"抓捕"五个新的小类，归纳如上表。五个小类例句如下：

(5) 官人多谢娘子不弃，吃了他两杯酒。

（明《二刻拍案惊奇》）

(6) 张海棠药杀亲夫，强夺我孩儿，混赖我家私。

（元《全元曲》）

(7) 而彼尚拘我信使，挠我边境，岂识时务者哉！

（明《太祖实录》）

(8) 乃命士卒："向前去借他一顿饭，你等充饥。"

（明《封神演义》）

(9) 更未捉他一个猴精。　　　　　　　　（明《西游记》）

这一时期主要的语义语用特点增加了四个。第一个是"摄食动作"。如例句（5），按照上下文句中的施动主语"娘子"通过摄食动作"吃"，把直接宾语"两杯酒"从间接宾语"他"（即指上文中的"官人"）处转移到己处。第二个是"强力的个人或社会行为"。如例句（6）、（7）和（9），例（6）中施动主语"张海棠"通过不正当的强力手段把直接宾语"家私"从间接宾语"我"处转移到己处，例（7）中施动主语使用某些国家强力手段使直接宾语"信使"处于己处，不能正常位移至间接宾语处，例（9）中不考虑否定意义的话，表示未出现的施动主语使用强力行为使间接宾语"一个猴精"从间接宾语"他"处转移到施动者处。第三个是"直接宾语保有权从间接宾语转移到主语"。如例句（7），句中施动主语"彼"通过某些手段使直接宾语"信使"处于己处，不能正常位移至间接宾语处。句中区分出了"保有权"的概念，在这个过程中不涉及直接宾语的所有权和其他功能的转移，而仅仅是由于正常的位移因施动主语的阻止没有发生，从而导致直接宾语的保有权处于施动者处。第四个是"等价交换或许诺归还"。如例句（8），句中施动主语（即被命令的"士卒"）通过向间接宾语许诺归还，把直接宾语"一顿饭"转移到己处。

现代汉语中"取得"类双宾构式的类别与近代汉语基本一致，具体的语义语用特点变得更加丰富（见第三章第三节）。

跟"给予"类双宾构式的演化类似，不同时期会有一些新的"取得"类双宾构式的次类出现。因为这些次类本身只有双宾动词的语义类是比较确定的，其中的动词属于"取得"义。其他构成部分都可以用符号表示，所以这些次类本身也是完全图式性的，都可以用"$V_{取得}O_1O_2$"这样的图式性结构来表示。

第二节　"取得"类双宾构式层级结构的演化

本节我们基于历时构式语法对"取得"类双宾构式层级结构的演化

进行考察。

一 公元前13—前11世纪"取得"类双宾构式层级结构

甲骨文时期的"取得"类中观 I 的层级结构非常简单。如下图所示包含一个中观 II,即 $V_{取}O_1O_2$。根据已有调查微观构式也只有两个,分别是"取 O_1O_2"和"乞 O_1O_2"和"奉 O_1O_2"。构例不做穷尽性列举只做列举,即上文的例句(1)。

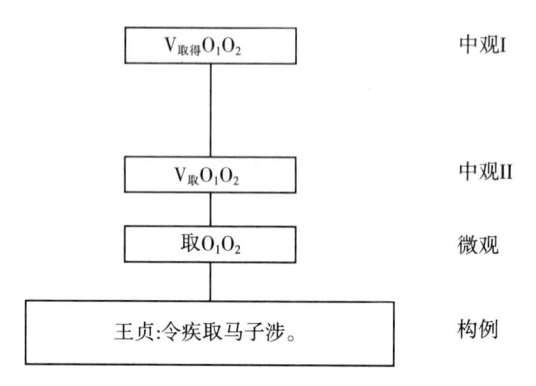

图 20 甲骨文时期"取得"类双宾构式层级结构

二 公元前8—前2世纪"取得"类双宾构式的层级结构

春秋战国时期的"取得"类双宾构式中观 II 数目有所增长,共有三个成员,增加了 $V_{夺}O_1O_2$ 和 $V_{买}O_1O_2$ 两个中观 II。

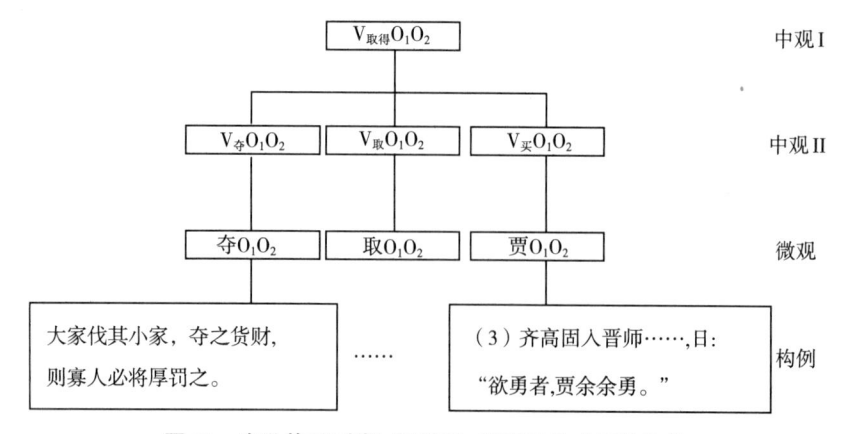

图 21 春秋战国时期"取得"类双宾构式层级结构

三 7—13世纪"取得"类双宾构式层级结构

唐宋时期"取得"类双宾构式中观Ⅱ只比春秋战国时期增加了一个 $V_{骗}O_1O_2$，共有四个成员。

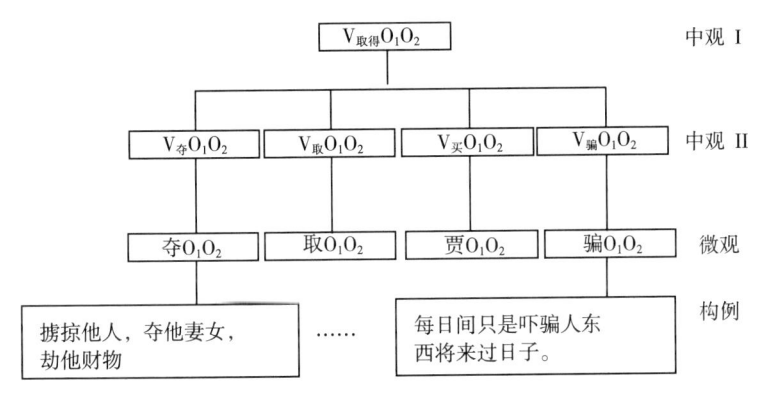

```
                    V取得O1O2                              中观 Ⅰ
          ┌────────┬────────┬────────┐
       V夺O1O2  V取O1O2  V买O1O2  V骗O1O2              中观 Ⅱ
          │        │        │        │
        夺O1O2   取O1O2   贾O1O2   骗O1O2               微观
          │                          │
    ┌─────────────┐           ┌─────────────┐
    │掳掠他人，夺他妻女，│  ……   │每日间只是吓骗人东│           构例
    │劫他财物      │           │西将来过日子。 │
    └─────────────┘           └─────────────┘
```

图22　唐宋时期"取得"类双宾构式层级结构

四 14—20世纪"取得"类双宾构式层级结构

14—20世纪时期"取得"类双宾构式中观Ⅱ共有9个成员，比唐宋时期增加五个，它们分别是 $V_{扣}O_1O_2$、$V_{租}O_1O_2$、$V_{占}O_1O_2$、$V_{吃}O_1O_2$ 和 $V_{抓}O_1O_2$。

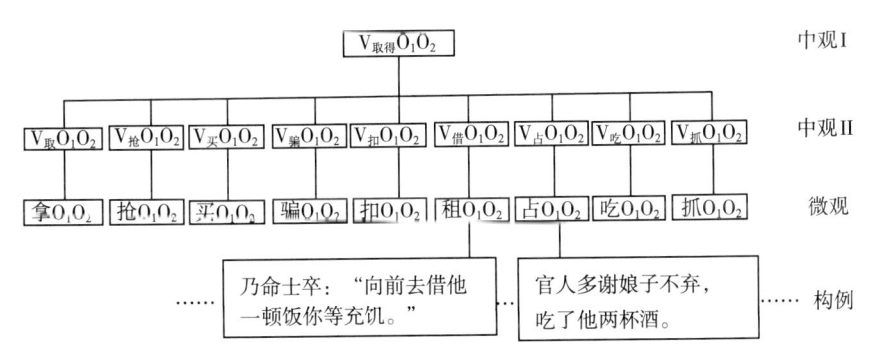

```
                              V取得O1O2                                    中观Ⅰ
    ┌──────┬──────┬──────┬──────┬──────┬──────┬──────┬──────┐
 V取O1O2 V抢O1O2 V买O1O2 V骗O1O2 V扣O1O2 V借O1O2 V占O1O2 V吃O1O2 V抓O1O2    中观Ⅱ
    │      │      │      │      │      │      │      │      │
  拿O1O2 抢O1O2 买O1O2 骗O1O2 扣O1O2 租O1O2 占O1O2 吃O1O2 抓O1O2          微观
                              │              │
                      ┌─────────────┐  ┌─────────────┐
             ……       │乃命士卒："│  │官人多谢娘子不弃，│    ……    构例
                      │向前去借他  │  │吃了他两杯酒。│
                      │一顿饭你等充饥。"│└─────────────┘
                      └─────────────┘
```

图23　近代汉语"取得"类双宾构式层级结构

20世纪至今"取得"类双宾构式的层级结构与上一时期近代汉语一致，见上文第三章第二节和本章图24中对现代汉语和近代汉语"取得"类双宾构式的层级划分。

五 演化脉络归纳

根据我们的调查汉语"取得"类双宾构式的历时演化脉络如下表所示：

表 22   "取得"类双宾构式演化脉络

时期	前13—前11世纪	前8—前2世纪	7—13世纪	14—20世纪	20世纪至今
种类	$V_{取}O_1O_2$	$V_{取}O_1O_2$ $V_{抢}O_1O_2$	$V_{取}O_1O_2$ $V_{抢}O_1O_2$	$V_{取}O_1O_2$ $V_{抢}O_1O_2$	$V_{取}O_1O_2$ $V_{抢}O_1O_2$
		$V_{买}O_1O_2$	$V_{买}O_1O_2$ $V_{骗}O_1O_2$	$V_{买}O_1O_2$ $V_{骗}O_1O_2$	$V_{买}O_1O_2$ $V_{骗}O_1O_2$
				$V_{扣}O_1O_2$ $V_{租}O_1O_2$	$V_{扣}O_1O_2$ $V_{租}O_1O_2$
				$V_{占}O_1O_2$ $V_{吃}O_1O_2$	$V_{占}O_1O_2$ $V_{吃}O_1O_2$
				$V_{抓}O_1O_2$	$V_{抓}O_1O_2$
数量	1	3	4	9	9

根据以上调查可以看出中观 II 的数量在历时演化过程中有明显的增长趋势。

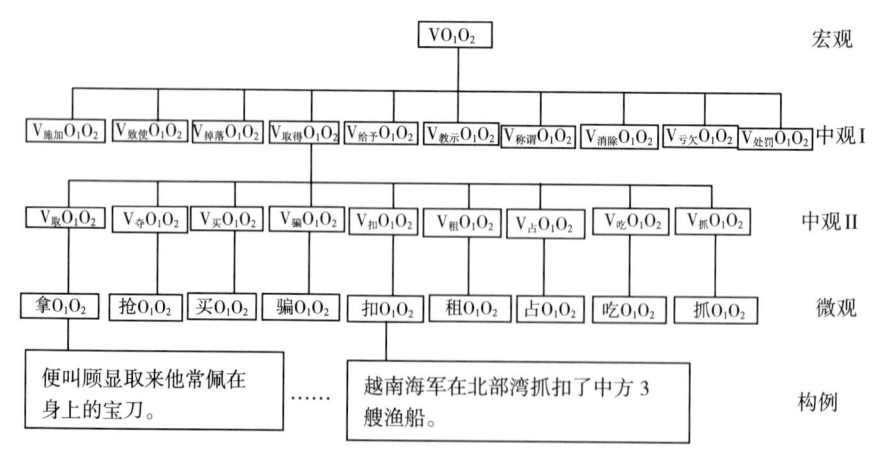

图 24 现代汉语"取得"类双宾构式中观 I 层级结构及其在宏观构式中的位置

上图简要展示了"取得"类双宾构式在宏观构式中的位置，以及其与同层级其他中观构式的关系。这样可以直观的观察"取得"类双宾构式的层级扩展对汉语双宾构式宏观构式的作用。

第三节 本章结论

各个时期出现的新语义类别归纳见下表。

表23　"取得"类双宾构式各新语义类别出现年表

前13—前11世纪	前8—前2世纪	7—13世纪	14—20世纪
获取	抢夺　购买	诓骗	占据　扣留　租借　吃喝　抓捕

从语义类和语义语用特点的变化方面来看"取得"类双宾构式的演化也有不断扩展的趋势。演化初期构式的小类语义宽泛，公元前13—前11世纪只存在一个次类"获取"类构式，包含两个"取得"类双宾动词构成的微观构式。它们要么仅表示转移过程，动词内涵少且不是具体的动作，如"取 O_1O_2"，要么表示意图产生转移过程如"乞 O_1O_2"。新增小类一般在表示转移的基础上增加其他语义语用特点。双宾动词表达的行为动作变得更具体，所蕴含的各种社会关系的语义语用内涵特点也逐渐丰富。例如公元前8—前2世纪出现的"抢夺"类表示施动者通过强力的行为动作且在违反间接宾语的意愿的情况下使间接宾语转移到己处，不仅有动作的性质特点还蕴含了参与者的主观意愿含义，"购买"类表示等价交换的社会行为。7—13世纪出现的"诓骗"类表示施动主语通过"诓骗"行为使间接宾语转移到己处，蕴含了一系列语言行为动作以及社会属性的行为，还蕴含了对此行为非正当性的主观评价。到了14—20世纪进一步扩展。"吃喝"类是施动者通过具体的"摄食"动作把直接宾语从间接宾语处转移到己处，在这个过程中"所有权""使用权"等抽象权利概念一同转移。"占据"类和"抓捕"类强调了施动者把直接宾语从间接宾语处转移到己处时，行为活动具有强制和强力的特性。"扣留"类在语义上并没有表示施动主语通过什么具体手段使事物产生转移，但是区分且强调了抽象的"保有权"的转移。动词所蕴含的语义是施动者使用一系列强力的行为或社会属性的手段，使直接宾语本应向间接宾语转移的过程被主语所阻断，导致的结果是"保有权"从间接宾语转移到施动者处。"租借"类则强调了施动主语和间接宾语之间的契约关系，即存在公平交易或许诺归还。其中属于

"租"义的小类直接宾语从间接宾语转移到施动主语处时,需要间接宾语按契约付出报酬且按约定时间归还,"借"义的小类则需要施动主语许诺按照约定归还给直接宾语。

在现代汉语中"取得"类双宾构式的小类与 14—20 世纪已经基本一致。但是更小的语义类的扩展一直在进行中,如下面的例句(10)。

(10) 就是,四爷您绷住了,哪天招来老外缠住黑他万二八千的。（魏润身《顶戴钩沉》）

例句 (10) 中的双宾动词"黑"的语义比较丰富,有通过某种非正当的手段隐藏和获取的意思。按照语义语用特点可以归入"诓骗"类,但是同时又与"扣留"类有共同点。像"黑"这种动词作为双宾动词是在现代汉语中的新用法,说明在现代汉语中"取得"类双宾构式语义语用扩展仍然在进行中。

根据以上分析,我们可以发现"取得"类双宾构式演化特点有:第一,构式对动词进入的限制逐渐减少。第二,构式的扩展以双宾动词的语义特征为脉络。具体指以"能否导致朝向施动者的位移产生"的动词语义特征为准,通过语用推理逐渐扩展。根据与第四章"给予"类双宾构式的对比可以发现,在图式性层级结构的演化方面"取得"类和"给予"类的特点基本一致。在语义语用扩展方面总体来说是一致的,即都是按照双宾动词的语义以及动词在双宾构式中的语义语用含义为脉络进行扩展。但是扩展的具体特点有差别。如"给予"类双宾构式在扩展中更加注重动词所蕴含的社会属性的含义为脉络。相比之下"取得"类双宾构式在扩展中则更加注重动词行为动作属性方面的特点。

"取得"类双宾构式也遵循了二维循环扩展的规律。动词语义类的增加使构式的语义语用内涵更加的丰富,构式的包容性增加。随着构式容纳的动词的语义类增多,构式的整体意义更加抽象,图式性程度增加。二者在演化中有互相促进的作用。包容性的增强对图式性程度的提高有促进作用,图式性程度的提高又促进包容性增加,这个演化过程也是一个二维循环过程。

附表:

表 24　　　　　现代汉语"取得"类双宾动词

名称	代表动词
"获取"类	取　取得　取回　取来　得到　获得　博得　赢　赢得　拿　拿走　拿来　掌握　收　收取　接收　接受　讨　讨来　接手　接来　要　要来
"抢夺"类	夺　抢　偷　盗　抢夺　抢劫　抢掠　黑
"购买"类	买　批　批发　邮购　赊　赊购　采购　承包　定购　订购　收购　包　雇
"诓骗"类	骗　诈　诓　诈骗　蒙　赖　敲　敲诈　讹　讹诈　拐带　拐骗　窃取　贪　贪污
"扣留"类	扣　截　扣发　扣除　克扣　截获　截留　留　藏　昧　罚　没收　抄收　查抄　搜　缴　收缴　抄没　抄获
"租借"类	租　借　租借　租用　赁
"占据"类	占　占领　攻陷　攻破　霸占　抢占
"吃喝"类	吃　喝　吞　嗑　啃　尝　咬　吸
"抓捕"类	捉　抓　逮　俘获　俘虏　控制

说明：本表列举的是各类常用且比较典型的双宾动词，并未穷尽列举所有。

第六章

"教示"类和"消除"类简史

"教示"类虽然规模不大但它出现较早且一直延续至今,在现代汉语中很常见,比较具有代表性。"消除"类则出现稍晚但是发展较快也较有特点。因此我们对这两个类别进行历时演化的考察。本章共两节,分别讨论汉语"教示"类和"消除"类双宾构式。具体内容包括两个部分,第一,双宾构式次类的演化,第二,归纳它们中观Ⅰ的层级结构演化并初步总结这两类双宾构式演化的特点。

"教示"类我们仍然选择出现其的公元前13—前11世纪、公元前8—前2世纪、7—13世纪和14—20世纪四个历史时期进行考察探讨汉语双宾构式"教示"类的演化。"消除"类出现较晚,因此我们选择它出现的公元前8—前2世纪、7—13世纪和14—20世纪三个历史时期进行考察。

第一节 "教示"类双宾构式简史

一 "教示"类双宾构式次类的演化

本节从历时的角度考察"教示"类双宾构式的次类的产生和演化,从语义语用类别及其特点和构式的层级结构两个方面进行。

(一) 公元前13—前11世纪

陈年福(2001)等对甲骨文中出现的310个动词进行释义。刘正中(2011)对其中一部分从配价语法的角度进行分析,这份研究发现出现在双宾构式中的"教示"类动词有"告"和"言"两个,我们根据语义把它们归为"教示"类双宾动词,即"告诉"类。见表25。

"告诉"类例句如例(1)。

表 25　　　　甲骨文时期"教示"类双宾构式的构成

形式	代表动词
V$_{告}$O$_1$O$_2$	告　言

（1） a. 宫犬告王其比，无灾，擒。

b. 言辛巳卜，旡贞：多君弗言余其侑于庚，匄祝？九月。①

例句（1）a 中"告"的意义为"告诉，报告"，施动主语"宫犬"把关于"其比"的信息传递到"王"那里。例句（1）b 中的"言"的意义是"说，告诉"，句子的肯定形式是施动主语把关于"其侑"的信息传递给间接宾语"余"。此时的语义语用特点主要是"言语行为"和"信息从施动者到接受者的传递"，其中"动作描述的是言语行为"的语义语用特点也是"教示"类区别于同级别的其他类别如"给予"类和"取得"类的特点。"告示"类是最早出现的"教示"类双宾构式，是语义宽泛的具有言语行为意义的双宾动词。它们除信息传递以外没有蕴含其他行为动作方面的语义语用特点，也不具有社会属性方面的特点和主观评价。

（二）公元前 8—前 2 世纪

与甲骨文时期相比较增加了一个类别，即"教授"类，如例（2），见下表。

表 26　　　　春秋战国时期"教示"类双宾构式的构成

形式	代表动词
V$_{告}$O$_1$O$_2$	告　语　说
V$_{教}$O$_1$O$_2$	教　导

（2） a. 教之春秋，而为之从善而抑恶焉。　　　（春秋《国语》）

b. 摄而不彻，则明施舍以导之忠，明久长以导之信，明度量以导之义，明等级以导之礼，明恭俭以导之孝，明敬戒以导之事，明慈爱以导之仁，明昭利以导之文，明除害以导之武，明精意以导之罚，明正德以导之赏……　　　　　　　　　　（春秋《国语》）

---

① 例句（1）a 和（1）b 转引自刘正中（2011：48）。

语义语用特点增加了两个。第一个是"拥有的知识或信息存在差距"。如上文例句（2）a 和（2）b 两例是楚庄王询问太子教育问题，申叔时发表了相关意见。（2）a 句中未现的施动主语通过教授活动"教"把直接宾语"春秋"的相关知识传递给间接宾语"之"即太子。上文例句（2）b 中未现的施动主语通过教授活动"导"把若干直接宾语"忠""信""义""礼""孝""事""仁""文""武""罚""赏"的相关知识传递给间接宾语"之"。其中蕴含了教授者与接受者在知识方面存在明显差距，教授者拥有的知识超过接受者。第二个是"使间接宾语获得知识而受益"。在 2（a）和 2（b）中未出现的施动者通过教授活动使间接宾语获得提升自身知识的信息从而获益。"教授"类在行为动作特点方面仍然具有"动作描述的是言语行为"的语义语用特点，也表示"信息从施动者到接受者传递"。但是双宾动词蕴含的事件中社会关系特点和相关的主观评价特点有所增加。"教授"活动教和学双方有比较明显的社会角色，因此包含社会关系特点。"拥有的知识或信息存在差距"和"使间接宾语获得知识而受益"含有比较和评价的意义，所以具有主观评价的特点。

另外我们还发现"询问"类动词可以构成直接宾语在前间接宾语在后的句子，如下面两例。但是由于其形式与特点与双宾构式不同因此不看作已经形成了"询问"类双宾构式。

（3）a. 王弗听，问之伶州鸠，对曰：臣之守官弗及也。

（春秋《国语》）

b. 殷之法刑弃灰于街者，子贡以为重，问之仲尼，仲尼曰："知治之道也。"　　（战国《韩非子·内诸说上七术第三十》）

（三）7—13 世纪

与前一时期相比，新增了三个小类。"询问"类例句如例（4），"应答"类例句如例（5），"嘱咐"类例句如例（6）。归纳如下表。

表 27　　　　唐宋时期"教示"类双宾构式的构成

形式	代表动词
$V_{告} O_1 O_2$	白　语　报　告

续表

形式	代表动词
V问 O₁O₂	问
V教 O₁O₂	教 传 授
V答 O₁O₂	答 回语
V嘱 O₁O₂	嘱 咐嘱

(4) 至山，见一小儿，问之何姓。（宋《全宋文．卷五十七》）

(5) a. 即作方便设谋，便虚答之："僧等实是本国船上来，缘病暂下船夜宿，不觉船发。"　　　　　［唐《入唐求法（汪本）》］

b. 阿婆回语新妇："如客此言，朋今事官（仕宦），且得胜。"

（唐五代《敦煌变文》）

(6) a. 什嘱诸子："取一……可重二斤，安吾颈中，然后漆之。"

（五代《祖堂集》）

b. 其越王追（退）兵还国后，乃吴王致疾，临死之时，咐嘱太子夫差："汝后安国治人，一取国相子胥之语。"

（唐五代《敦煌变文》）

与春秋战国时期相比较唐宋时期的"教示"类双宾构式增加了三个类别。分别是"询问"类、"应答"类和"嘱咐"类。语义语用特点增加了三个。第一个是"为得到与直接宾语相关的回应而传递信息"。如例句（4）句中未出现的施动主语为了得到回应，通过"询问"类的行为动作"问"向间接宾语传递信息。所传递的信息即直接宾语——一个简单的表示询问的短语"何姓"。主语希望得到的是与直接宾语相关的回应。第二个特点是"为回应对方要求或需要而传递信息"。如例句（5）a 和（5）b，根据语境（5）a 中未出现的施动主语在交际中为了回应间接宾语的要求，通过"应答"类的行为动作"答"向间接宾语传递信息。所传递的信息即直接宾语，在例（5）a 中是一个句子"僧等实是本国船上来，缘病暂下船夜宿，不觉船发。"信息的传递是回应间接宾语"之"的要求。（5）b 中施动主语"阿婆"在交际中为了回应间接宾语"新妇"，通过"应答"类行为动作"回语"向间接宾语传递信息。所传递的信息是一个句子"如客此言，朋今事官（仕宦），且得胜。"第三个是"为确保某人或某事而传递信息"。如例句（6）a 和（6）b，根据语境（6）a 中未出现的施动主语为了确保间接宾语"诸子"行动不出差错，通过"嘱咐"类行为动作"嘱"向"诸子"传递信息。所传递的信息即直接宾语，是一个包含有一连串行动指示的句子"取一……可重二斤，安吾颈中，然后漆之"。（6）b 中施动主语"吴王"为了确保自己死后国家的治理不出差错，通过"嘱咐"类行为动作"咐嘱"向间接宾语"太子夫差"传递信息。所传递的信息即直接宾语，在例（6）b 中是包含行动指示的一个句子"汝后安国治人，一取国相子胥之语。""询问"类、"应答"类和"嘱咐"类在行为动作方面具有"动作描述的是言语行为"和"信息从施动者到接受者传递"的语义语用特点。以上三个新增语义语用特点都属于社会属性特点，体现了交际参与双方在话语交际中的关系，反映了事件中促使施动主语行为产生的原因或目的。

（四）14—20 世纪

元明清时期近代汉语中"教示"类双宾构式与唐宋时期基本一致，见下表，但在更低层的类上有所扩展，新的动词不断进入。如例（7）和例（8）。

表 28　　　　　近代汉语"教示"类双宾构式的构成

形式	代表动词
$V_{告} O_1 O_2$	说　起　告　告诉　提醒　抢白　指示
$V_{问} O_1 O_2$	问　请教　求教
$V_{教} O_1 O_2$	教　教演
$V_{嘱} O_1 O_2$	嘱　咐嘱　依　吩咐　嘱托
$V_{答} O_1 O_2$	答　回　回复　回答

（7）a. 太祖密遣人瞰其冠……指示之曰："此皆汝主等辈也，皆已服役，汝主尚不降耶？"　　　　　　　　　　（明《五杂俎》）

b. 我如今提醒你："若不堤防，恐来夺你箭。"（明《五杂俎》）

c. 现在是我格外留情，指示他一条路："你回去，就在今天晚上，叫他三个人每人拿出一万块洋钱充做罚款，就将他们取保出去。"

（清《官场现形记》）

(8) a. 陈定见他聒絮不过，回答他几句起来。

（明《二刻拍案惊奇》）

b. 石之纷如回复："鲁侯与夫人角口，如此如此。"

（清《东周列国志》）

具体的语义语用特点也有所增加。如例（7）b 中告诉义动词"提醒"除了言语行为和信息传递方面的特点之外，还包含了句中施动者对相关事件的评价分析和行动目的，即"防止间接宾语因疏忽大意而受损"。现代汉语的类别与元明清时期的类基本一致此处不再赘述。

综上所述，唐宋之前"教示"类双宾构式的次类增长比较明显，唐宋之后构式的类别比较稳定。这些类只有双宾动词的语义类比较确定，其他构成部分都可以用符号表示，所以也是完全图式性的可以用"$V_{教示}O_1O_2$"来表示，其中的动词属于"教示"义。

二 "教示"类双宾构式层级结构的演化

依照前文方法我们对"教示"类双宾构式层级结构的演化进行考察。

（一）公元前 13—公元前 11 世纪"教示"类双宾构式层级结构

甲骨文时期的"教示"类中观 I 层级结构比较简单。如图 25 所示只包含一个中观 II 即 $V_{告}O_1O_2$。

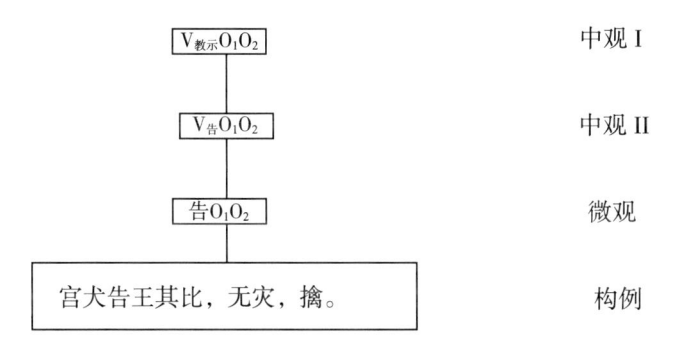

$V_{教示}O_1O_2$	中观 I
$V_{告}O_1O_2$	中观 II
告O_1O_2	微观
宫犬告王其比，无灾，擒。	构例

图 25　甲骨文时期"教示"类双宾构式层级结构

（二）公元前 8—前 2 世纪"教示"类双宾构式的层级结构

春秋战国时期的"教示"类双宾构式中观 II 增加了一个 $V_{教}O_1O_2$，共有两个成员。

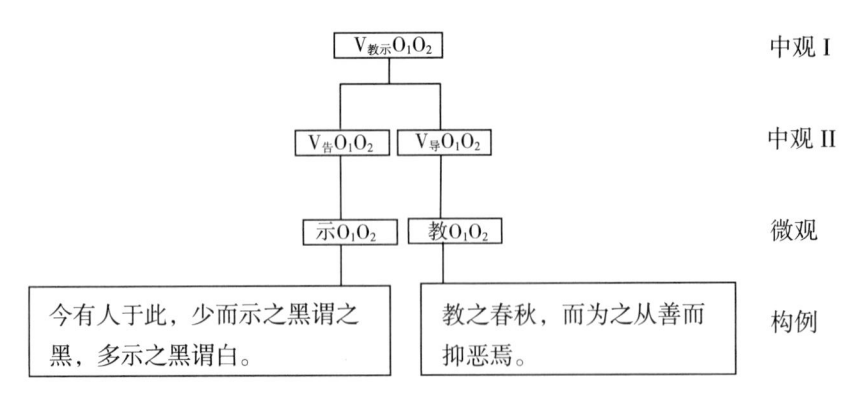

```
                    V教示O₁O₂                           中观 I
                   /        \
              V告O₁O₂      V导O₁O₂                      中观 II
                |            |
              示O₁O₂        教O₁O₂                      微观
                |            |
    ┌─────────────────┐  ┌─────────────────┐
    │今有人于此，少而示之黑谓之│  │教之春秋，而为之从善而│    构例
    │黑，多示之黑谓白。     │  │抑恶焉。            │
    └─────────────────┘  └─────────────────┘
```

图 26　春秋战国时期"教示"类双宾构式层级结构

（三）7—13 世纪"教示"类双宾构式层级结构

唐宋时期"教示"类双宾构式中观 II 比春秋战国时期增加了三个 V嘱O₁O₂、V问O₁O₂ 和 V答O₁O₂，共有五个成员。

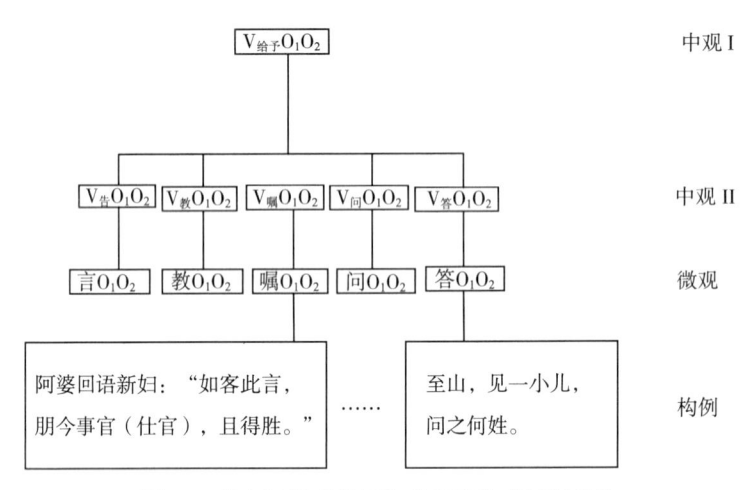

```
                        V给予O₁O₂                              中观 I
           ┌────────┬────────┼────────┬────────┐
        V告O₁O₂  V教O₁O₂  V嘱O₁O₂  V问O₁O₂  V答O₁O₂           中观 II
          |        |        |        |        |
        言O₁O₂   教O₁O₂   嘱O₁O₂   问O₁O₂   答O₁O₂            微观
    ┌──────────────────────┐              ┌──────────────┐
    │阿婆回语新妇："如客此言， │   ……        │至山，见一小儿，│    构例
    │朋今事官（仕官），且得胜。"│              │问之何姓。     │
    └──────────────────────┘              └──────────────┘
```

图 27　唐宋时期"教示"类双宾构式层级结构

（四）14—20 世纪"教示"类双宾构式层级结构

14—20 世纪时期"教示"类双宾构式中观 II 数量没有增加。20 世纪至今"教示"类双宾构式的层级结构与上一时期一致（见第三章第四节），此处不做详述。

（五）演化脉络归纳

根据我们的调查汉语"教示"类双宾构式的历时演化脉络如表 29 所示：

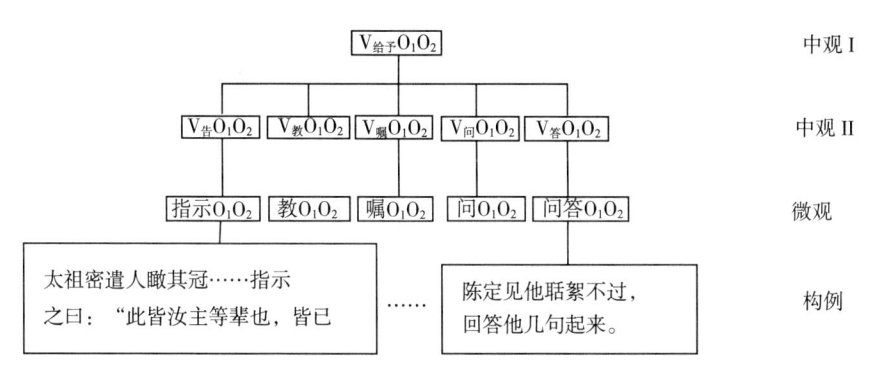

图 28　近代汉语"教示"类双宾构式层级结构

表 29　　　　　　"教示"类双宾构式演化脉络

时期	前 13—前 11 世纪	前 8—前 2 世纪	7—13 世纪	14—20 世纪	20 世纪至今
种类	$V_{告}O_1O_2$	$V_{告}O_1O_2$　$V_{教}O_1O_2$	$V_{告}O_1O_2$　$V_{教}O_1O_2$ $V_{嘱}O_1O_2$　$V_{问}O_1O_2$ $V_{答}O_1O_2$	$V_{告}O_1O_2$　$V_{教}O_1O_2$ $V_{嘱}O_1O_2$　$V_{问}O_1O_2$ $V_{答}O_1O_2$	$V_{告}O_1O_2$　$V_{教}O_1O_2$ $V_{嘱}O_1O_2$　$V_{问}O_1O_2$ $V_{答}O_1O_2$
数量	1	2	5	5	5

根据以上考察可以看出"教示"类双宾构式中观 II 的数量在 13 世纪前的历时演化过程中有明显的增长趋势，之后基本稳定下来。

下面展示"教示"类双宾构式在宏观构式中的位置及其与同层级其他中观构式的关系。这样可以直观的观察"教示"类双宾构式的层级扩展对汉语双宾构式宏观构式结构的影响。

三　小结

各个时期出现的"教示"类新语义类别归纳见下表。

表 30　　　　"教示"类双宾构式各新语义类出现年表

前 13—前 11 世纪	前 8—前 2 世纪	7—13 世纪	14—20 世纪	20 世纪至今
告诉	教授	询问　嘱咐　应答	—	—

总结"教示"类双宾构式的演化我们可以发现从语义语用演化方面来讲，演化初期构式的小类语义宽泛。公元前 13—前 11 世纪存在的"告诉"类仅表示普通的信息传递，动词语义语用特点很少。如"告诉"类

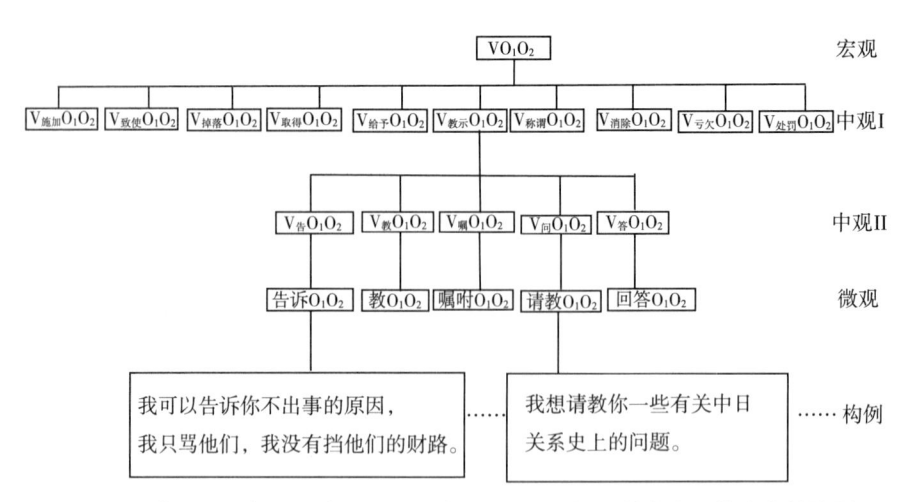

图 29　现代汉语"教示"类双宾构式中观 I 层级结构及其在宏观构式中的位置

只蕴含了言语行为和信息传递的语义语用特点。之后构式不断扩展，新增小类一般在表示言语行为和信息传递的基础上还蕴含其他语义语用特点。主要是指社会属性的关系意义更加丰富，与参与者相关的主观评价也有所增加。例如公元前 8—前 2 世纪出现的"教授"类蕴含了施动者和接受者之间拥有知识量存在差异的意义，同时还蕴含了施动者的目的是使接受者的知识有所增加而受益的评价。7—13 世纪出现的"询问""嘱咐"和"应答"类蕴含了施动者实施信息传递行为的原因或目的。"询问"类构式表达的事件出现的目的是希望得到与直接宾语相关的某些信息。"应答"类构式表达的事件出现的原因是在施动主语和间接宾语之间的交际中间接宾语之前的言语行为需要施动主语进行回应。"嘱咐"类构式表达的行为出现的目的是施动主语通过信息传递使某件事情能够得到确保不出现差错。14—20 世纪"教示"类中观构式的类别与前一时期相同，没有增加新的类，但是更低层级的微观构式层面以及语义语用特点仍然在扩展。主要体现在蕴含了更多交际活动中的社会属性关系特点，如（7）b 中动词"提醒"构成的双宾构例。

在 14 世纪之前动词"提醒"不能进入双宾构式，在语义上也没有"言语行为"意义，语义语用环境和语法特点都与双宾构式不同。如下面句例。

(9) a. 此用力甚不多，但只要常知提醒尔。

（南宋《朱子语类》）

b. 只提醒精神，终日着意，看得多少文字！

（南宋《朱子语类》）

"提醒"在（9）a中表示"内省、自察"的意思，在（9）b为"振作"的意思，且都不带宾语。直到明代才见到有表示言语行为意义充当双宾动词的用例，如例（7）b。

据以上分析，我们可以发现"教示"类双宾构式演化特点有：第一，构式对动词进入的限制逐渐减少，语义类别逐渐丰富。第二，构式的扩展以双宾动词的语义特征为脉络。比较显著的是动词蕴含的施动者与接受者之间社会属性的关系。

与"给予"和"取得"类相同，"教示"类双宾构式也遵循了二维循环扩展的规律。动词语义类的增加使构式的包容性增加。语义类的增多使构式的整体意义更加抽象图式性程度随之增加。包容性的增强对图式性程度的提高有促进作用，反之亦然。这个演化过程也是一个二维循环扩展的过程。

第二节 "消除"类双宾构式简史

一 "消除"类双宾构式次类的演化

本节基于历时构式语法考察"消除"类双宾构式的演化，并归纳其层级结构的演化过程。

（一）公元前8—前2世纪

根据我们对文献的考察发现"消除"类双宾构式最早出现在春秋战国时期。此时有两个小类"消灭"类和"损毁"类，见下表。"消灭"类例句如（10），"损毁"类例句如（11）。

(10) 曰：予必怀亡尔社稷，灭尔百姓。

（战国《墨子·迎敌祠》）

(11) 张皇六师，无坏我高祖寡命。　　（春秋《尚书》）

表 31　　　　春秋战国时期"消除"类双宾构式的构成

名称	形式	语义诠释	代表动词
"消灭"类	$V_{灭}O_1O_2$	以获益为目的而消除	亡　灭
"损毁"类	$V_{损}O_1O_2$	消除且受损	坏

此时的语义语用特点有三个。第一是"导致处于间接宾语的某物消失或不再存在",也是"消除"类双宾构式区别于其他类别的特点。如上文例句(10)施动主语"予"使本属于且处于间接宾语处的"社稷"和"百姓"经过"消灭"类的行动"亡"和"灭"从间接宾语处消失不见(亡国灭种)。第二个是"导致处于间接宾语处的某事物受到损坏"。如例句(11)中施动主语通过"损毁"义动词"坏",使句中间接宾语所拥有并遵守的直接宾语"寡命"(指周文王的遗命)① 毁坏或受损。第三个是"施动者和间接宾语是敌对关系"。如例句(10)中的施动主语,即说话者的行为对象是他的敌人或敌国,因此施动主语和行为的对象间接宾语的关系是敌对的。

(二) 7—13 世纪

这个时期比上各时期新增了两个小类,"消耗"类和"减免"类。见下表。"消耗"类例句如例(12),"减免"类例句如例(13)。

表 32　　　　唐宋时期"消除"类双宾构式的构成

名称	形式	语义诠释	代表动词
"消耗"类	$V_{耗}O_1O_2$	一般性消除	耗　费
"消灭"类	$V_{灭}O_1O_2$	以获益为目的而消除	消　灭　杀　除
"损毁"类	$V_{损}O_1O_2$	消除且受损	毁　坏
"减免"类	$V_{免}O_1O_2$	以使对方获益而消除	免　减

(12) a. 大凡世上不孝人,多在家费父母心神,出入又不依时节。
(唐五代《敦煌变文》)
　　b. 臣愚以谓若斯之流,不过岁费国家百万缗钱,及事体非宜耳。
(唐五代《全唐文》)

---

① 廖名春、陈慧(2010)根据历史文献资料认为,"寡命"即"顾命",《正义》云高祖"谓文王也",孔传"临终致命曰顾命"所以"高祖顾命是文王的临终遗命"。

(13) a. 又以卿忘躯徇难，宜有恩荣，故特免卿十死罪，并书诸
金铁，俾传于后。　　　　　　　　　　（唐五代《全唐文》）
　　　b. 放免安南秋税诏。　　　　　　　（唐五代《全唐文》）

与春秋战国时期相比较唐宋时期的"消除"类双宾构式增加了两个类别。分别是"消耗"类和"减免"类。语义语用特点增加了三个。第一个是"因与施动者相关的某事或某物而付出了代价"。如例句（12）a 中施动主语，即上文所说"世上不孝人"通过消耗行为"费"使直接宾语"心神"从间接宾语"父母"处消失，且是因为施动主语"不孝"使间接宾语不得不付出代价。再如例句（12）b 句中的间接宾语"国家"因为施动主语"若斯之流"的某些原因，不得不付出代价耗费掉直接宾语"百万缗钱"。第二个是"间接宾语本应付出代价"。如例句（13）a 中未出现的施动主语（根据语义语用环境应是皇帝或朝廷）通过"消除"类的行动"免"使直接宾语"十死罪"被消除。而根据语义语用环境我们可以看出直接宾语"十死罪"应是间接宾语由于自己之前的行为本应付出的代价。（13）b 中未出现的施动主语（根据语义语用环境也应是皇帝或朝廷）通过"消除"类的行动"免"使直接宾语"秋税"被消除。而根据常识我们可以看出直接宾语"秋税"应是间接宾语出于法律和义务本应付出的代价。第三个是"使间接宾语获益"。如例句（13）a 中直接宾语"十死罪"是间接宾语本应受到惩罚付出的代价，被消除后间接宾语客观上获益。例句（13）b 中直接宾语"秋税"是正常情况下按照法律制度间接宾语本应付出的代价，被消除后间接宾语也客观上获益。以上三个特点都属于社会属性的特点。总之，双宾动词蕴含的社会属性的关系特点继续增加。

（三）14—20 世纪

元明清时期的近代汉语中"消除"类双宾构式的类别与唐宋时期一致，见下表。但在更低层的次类上有所增加，具体的语义语用含义也有所增加。如"消耗"类例句（14）、（15）。

表33　　　　　近代汉语"消除"类双宾构式的构成

名称	形式	语义诠释	代表动词
"消耗"类	$V_耗 O_1 O_2$	一般性消除	耗　花　费　糟蹋　花费

名称	形式	语义诠释	代表动词
"消灭"类	V灭O₁O₂	以获益为目的而消除	炸 杀 聚歼 歼灭 拔除
"损毁"类	V损O₁O₂	消除且受损	坏 毁 打碎 打破 打坏
"减免"类	V免O₁O₂	以使对方获益而消除	免 减免 减

(14) a. 又遇府中祈雨，里递故意耍他这说嘴道士，他又不辞，花费府县钱粮。　　　　　　　　　　　　（明《型世言》）
　　　b. 出家之人，多糟蹋人家一些东西，便增多一分罪过。
　　　　　　　　　　　　　　　　　　　　　　（清《八仙得道》）
(15) 望仙长大发慈悲，赦免三人罪愆！　（明《封神演义》）

（14）a 与唐宋时期的"消耗"类的语义语用特点基本一致。例（14）b 则不同，句中的双宾动词"糟蹋"是这个时期经过语义语用扩张新产生的双宾动词，因此使微观构式增加。"糟蹋"除了"消耗"类双宾构式所包含的"导致处于间接宾语处的某事物受损"和"因与施动者相关的某事或某物而付出了代价"之外，还包含句子本身即说话人对相关事件的主观负面评价——"糟蹋"构成的双宾构式描述的事件都是消极负面的，它与相似的动词如"挥霍"等还可以构成一个小的语义类。例（15）中的双宾动词"赦免"也是这个时期经过语义语用扩张产生的新双宾动词。

现代汉语的类别与唐宋和元明清时期基本一致，语义语用特点与前一时期相比基本一致，也是在更低层的次类上有所增加。具体的语义语用含义也有所增加，见下面例句。

(16) a. 把刚才的一团怒火霎时消灭。　　（清《孽海花》）
　　　b. 甚则说崇奉他的教，就一切罪孽消灭；不崇奉他的教，就是魔鬼入宫，死了必下地狱等辞：这就是私了。（清《老残游记》）
(17) 田家会一仗，也是消灭了敌人七八百呀！
　　　　　　　　　　　　　　　　　　　（马峰《吕梁英雄传》）

如上文例句（16）a 和（16）b 中的动词"消灭"在清代还不能作为

双宾动词使用，语义也跟现代汉语中有所差别。现代汉语中才经过语义语用扩展成为"消灭"类双宾动词，如例句（17），除了"消灭"类双宾动词包含的"导致处于间接宾语处的某物消失或不再存在"和"施动者和间接宾语是敌对关系"之外，还包含句子本身或说话人对相关事件的主观正面评价，即"消灭"导致直接宾语消失的事件都是正义的。另外，由于现代汉语中出现大量的动补结构的词组，使许多包含具体动作和肢体动作的动词性词组进入"损毁"类双宾构式，如"压坏、打烂"等。（具体见本章附表37）。

综上所述，"消除"类双宾构式在春秋战国时期已经存在，唐宋之前的不同时期有新的"消除"类双宾构式次类出现。唐宋之后"消除"类双宾构式类别则比较稳定。同样，因为这些次类本身只有双宾动词的语义类是比较确定的，其他构成部分都可以用符号表示，所以这些次类本身也是完全图式性的，可以用"$V_{消除}O_1O_2$"这样的图式性结构来代表，其中动词语义上属于"消除"义。

二 "消除"类双宾构式层级结构的演化

按照前文方法我们根据构式的层级观念及其分层方法归纳不同时期"消除"类双宾构式的层级结构。

（一）公元前8—前2世纪"消除"类双宾构式的层级结

春秋战国时期的"消除"类双宾构式中观Ⅱ共有两个成员。它们分别是$V_{灭}O_1O_2$、和$V_{毁}O_1O_2$。

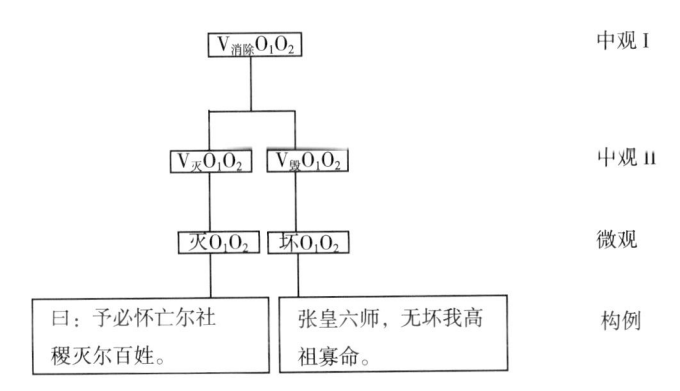

图30 春秋战国时期"消除"类双宾构式层级结构

（二）7—13世纪"消除"类双宾构式层级结构

唐宋时期"消除"类双宾构式中观 II 比春秋战国时期增加了两个 $V_{耗}O_1O_2$ 和 $V_{免}O_1O_2$，共有四个成员。

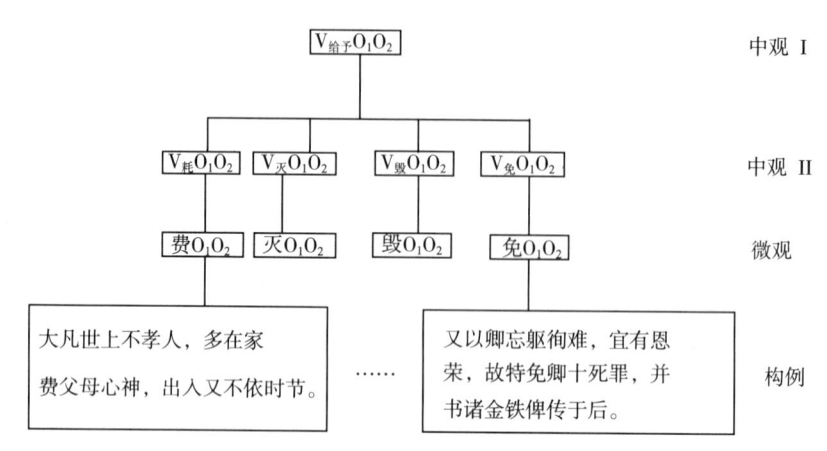

```
                    V给予O1O2                          中观 I
                       │
        ┌──────┬───────┼───────┬──────┐
    V耗O1O2  V灭O1O2  V毁O1O2  V免O1O2               中观 II
       │       │        │        │
     费O1O2  灭O1O2   毁O1O2   免O1O2                微观
       │                         │
  ┌─────────┐              ┌──────────┐
  大凡世上不孝人，多在家              又以卿忘躯徇难，宜有恩
  费父母心神，出入又不依时节。  ……   荣，故特免卿十死罪，并        构例
                                书诸金铁俾传于后。
```

图 31　唐宋时期"消除"类双宾构式层级结构

（三）14—20 世纪"消除"类双宾构式层级结构

14—20 世纪时期"消除"类双宾构式中观 II 数量没有增加。20 世纪至今"消除"类双宾构式的层级结构与上一时期一致（见第三章第四节）此处不做详述。

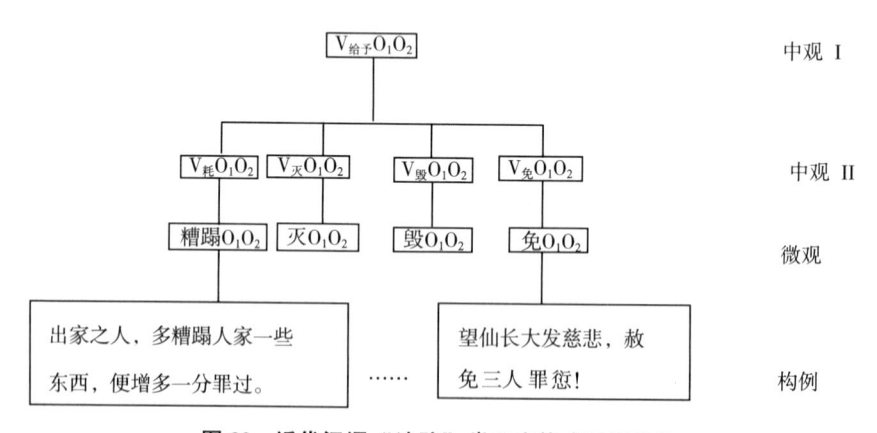

```
                    V给予O1O2                          中观 I
                       │
        ┌──────┬───────┼───────┬──────┐
    V耗O1O2  V灭O1O2  V毁O1O2  V免O1O2               中观 II
       │       │        │        │
   糟蹋O1O2  灭O1O2   毁O1O2   免O1O2                微观
       │                         │
  ┌─────────┐              ┌──────────┐
  出家之人，多糟蹋人家一些             望仙长大发慈悲，赦
  东西，便增多一分罪过。       ……    免三人罪愆！                构例
```

图 32　近代汉语"消除"类双宾构式层级结构

（四）演化脉络归纳

根据我们的调查汉语"消除"类双宾构式的历时演化脉络如表 34 所示：

第六章 "教示"类和"消除"类简史

表 34　　　　　"消除"类双宾构式演化脉络

时期	前13—前11世纪	前8—前2世纪	7—13世纪	14—20世纪	20世纪至今
种类	—	$V_{灭}O_1O_2$　$V_{毁}O_1O_2$	$V_{灭}O_1O_2$　$V_{毁}O_1O_2$ $V_{耗}O_1O_2$　$V_{免}O_1O_2$	$V_{灭}O_1O_2$　$V_{毁}O_1O_2$ $V_{耗}O_1O_2$　$V_{免}O_1O_2$	$V_{灭}O_1O_2$　$V_{毁}O_1O_2$ $V_{耗}O_1O_2$　$V_{免}O_1O_2$
数量	0	2	4	4	4

根据以上调查可以看出，中观 II 的数量在 13 世纪前的历时演化过程中有增长趋势，之后基本稳定下来。

下面简要归纳现代汉语双宾构式的层级结构以展示"消除"类双宾构式在宏观构式中的位置及其与同层级其他中观构式的关系。这样就可以比较直观的观察"消除"类双宾构式的层级扩展对汉语双宾构式宏观构式的影响。下图对中观 II、微观构式和构例仅作有限的列举。

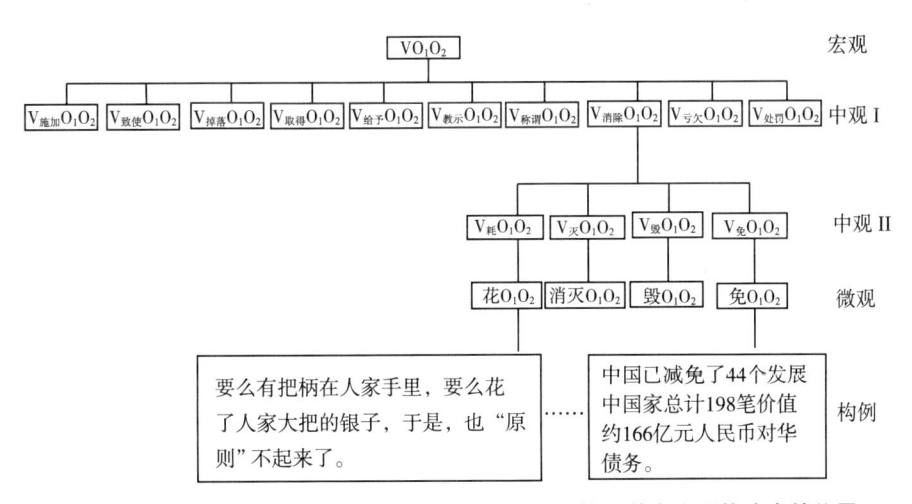

图 33　现代汉语"消除"类双宾构式中观 I 层级结构及其在宏观构式中的位置

研究发现在历史演化中，与其他三个类相同"消除"类双宾构式也遵循了二维循环扩展的脉络。即它的包容性的扩展是指随着构式的演化构式的各种限制条件逐渐放宽，能够进入构式的核心动词语义类别的变得更加丰富数量更大。汉语"消除"类双宾构式图式性程度的扩展是指随着构式容纳动词的语义类越来越多构式所涵盖的语义更加丰富，构式的整体意义也就会更加抽象，图式性程度也增加。

三 小结

各个时期出现的"消除"类双宾构式新语义类归纳见下表。

表 35　　　　"消除"类双宾构式各新语义类别出现年表

前 13—前 11 世纪	前 8—前 2 世纪	7—13 世纪	14—20 世纪	20 世纪至今
—	消灭　损毁	消耗　减免	—	—

总结"消除"类双宾构式的演化我们可以发现公元前 13—前 11 世纪没有"消除"类中观 I 双宾构式存在。最早的"消除"类中观 I 出现在公元前 8 世纪—前 2 世纪的先秦时期，由"消灭"类和"损毁"类中观 II 构成。从语义语用演化方面来讲，演化初期这两个中观 II 包括三个语义语用特点。分别是"导致处于间接宾语处的某物消失或不再存在""导致处于间接宾语处的某事物受损"和"施动者和间接宾语是敌对关系"。这三个特点都属于双宾动词及其构式蕴含的参与者之间在事件中的社会属性的关系。前二者包含了施动者在事件中实施行为活动的目的或结果，第三个则蕴含了施动者和对方在事件中具体的社会角色关系，同时也体现了说话人对双方关系的评价。其中"导致处于对方处的某物消失或不再存在"是所有"消除"类中观 II 构式的共同特点也是"消除"类中观 I 有别于其他中观 I 的特征。7—13 世纪出现的"消耗"类中观 II 和"减免"类中观 II 也产生了新的语义语用特点即"间接宾语因与施动者相关的某事或某物而付出了代价""间接宾语本应付出代价"和"使间接宾语获益"。第一个特点体现了事件出现的原因，第二个特点体现了事件的背景，第三个特点体现了施动者的目的。14—20 世纪"消除"类包含的中观 I 类别与前一时期相同，没有增加新的次类，但是语义语用内涵仍然在扩展。如出现的由新的双宾动词构成的构例，蕴含了说话人对相关事件的主观负面评价，例如"糟蹋"及其构成的例句（14）b。现代汉语的类别与唐宋和元明清时期一致，也是在更低层的次类上有所增加，具体的语义语用含义也有所增加。如上文例句（17），动词"消灭"通过语义语用扩展在现代汉语中成为双宾动词，其构成的构例例（17）包含了说话人对相关事件积极正面的评价。

据以上分析我们可以发现与前文探讨的其他各类中观 II 一样"消除"类双宾构式演化特点也包括：第一，构式对动词进入的限制逐渐减少。第二，构式的扩展以双宾动词蕴含的语义语用特征为脉络。施动者与间接宾语之间的社会关系和与之相关的特点在这个过程中比较显著。

与其他三个我们已经讨论的中观 II 一样"消除"类双宾构式的演化也是包容性和图式性程度二维循环扩展的过程。

构式的二维循环扩展、语义语用类推扩展的具体过程，以及在这个过程中涉及的语义语用限制条件等问题将在本书的第七章中进行详细的探讨。

附表：

表 36　　　　　　　　　现代汉语"教示"类双宾动词

名称	代表动词
"告诉"类	告诉　通知　提醒　告知
"教授"类	教　教授　传授
"询问"类	问　询问　请教　咨询
"应答"类	回答　答　回　回应　回复
"嘱咐"类	嘱咐　吩咐　叮嘱　叮咛

表 37　　　　　　　　　现代汉语"消除"类双宾动词

名称	代表动词
"损毁"类	打破　打碎　打烂　淹　淹没　弄坏　弄碎　弄掉　弄破　弄脏　踢破　踢毁　踢瘸　踢烂　打死　踢碎　撞坏 撞烂　撞倒　撞断　压坏　压烂　压碎　败坏　损害　损坏　破坏　砸烂　砸坏　砸破　砸碎　轧　压断　轧断　搞砸
"消灭"类	炸　炸掉　消灭　杀　聚歼　歼灭　拔除　除　除掉　铲除　摧毁　粉碎
"消耗"类	吃　喝　耗　花　用　费　消耗　花费　耗费　浪费　耽误　耽搁
"减免"类	免　报销　减免　减　免除　赦免

说明：以上各表列举的是各类常用且比较典型的双宾动词及动词性短语，并未穷尽列举。

第七章

基于构式的解释

第四章、第五章和第六章对"给予"类、"取得"类、"教示"类和"消除"类四个中观Ⅰ进行了历时考察，归纳总结了它们包含的中观Ⅱ的类别和层级结构的演化过程。我们初步分析了它们演化发展的特点。得出了这些演化是一种包容性和图式性程度二维循环扩展的结论。

本章我们根据前文的考察及分析结果，结合历时构式语法相关理论进行更深入的探讨。基于历时构式语法理论和范例理论深入讨论"给予"类、"取得"类、"教示"类和"消除"类四个中观Ⅰ的演化规律。

第一节 类推的作用及二维循环扩展

特劳戈特（2008a，b）认为语言创新始于构例的新用法，一旦创新被重复使用并惯例化就可能导致整个构式层级的重新整合，重新分析和类推在构式语法化演化过程中是极其重要的，图式性构式的既有成员在演化中充当了吸引因子集合（attractor sets）的作用。由于后构式化演化不产生新的构式，扩展为其主要特征，因此应该更加强调类推机制的地位。特劳戈特和特劳斯代尔（2013：37—38）认为相同或相近语义成员的集合在构式语法中极其重要，从构式的角度考察这些语义集合的变化能很好地把握意义与形式组配的演变。因此就要从历时的角度讨论不同的语义集合进入构式的过程。类推机制是考察这个过程涉及的问题所必须考虑的。特劳戈特和特劳斯代尔（2013）注意到英语双及物构式不仅包括"有意识地传递"而且包括其他几种类似的意义与形式的组配，例如"制造""打算传递"和"交流"等，它们构成了一个语义网络，类推思维和类推机制在这个语义网络的形成和创新的产生中扮演了重要的作用。拜比和麦克利兰

(McClelland)(2005)、戈登伯格(2006)、拜比(2010)等基于范例(exemplar)讨论类推机制,他们认为语法的基础是构式,另外语法中又包含了会受具体用例影响的范例。

彭睿(2013)发现随着原始限制条件的放宽,由"恶""恨""怨""怒""憎"构成的微观构式逐步进入汉语溯因兼语构式,使中观Ⅱ"憎恨"形成,导致构式包容性和图式性程度的扩展。上文考察结果也基本符合这种判断,因此我们赞同这个观点。

下面几个小节主要结合之前几章探讨以下几个方面的内容:四个中观Ⅰ的类推演化过程中的二维循环扩展,从限制条件变化的角度探讨四个中观Ⅰ语义语用的类推扩展,构式类推扩展过程中的语义强制性(coercion)[①]以及限制条件的内部区别。

第二节 基于类推的二维循环扩展

包容性的扩展和图式性程度的增加都是以语义语用的类推扩展为基础的。本节我们以选取的四类双宾构式为例讨论基于语义语用类推的二维循环扩展。

一 构式包容性的扩展

语义语用类推扩展使"给予"类构式的包容性不断增加。包容性的增加主要有两个方面。

第一个方面是以动词为代表的构式的语义类不断增加。根据前文的考察分析,公元前13—前11世纪的甲骨文中的"给予"类双宾构式中已经具有三个类,经过类推作用可以进入构式的动词语义类不断增加。公元前13—前11世纪出现了最初的三个类别"给"类、"奖赏"类和"奉献"类,公元前8—前2世纪增加了"赠送"类、"委托"类和"归还"类,7—13世纪增加了"酬谢"类,"帮助"类和"V与"类,14—20世纪增加了"售卖"类、"补偿"类、"租借"类和"分派"类。到了现代汉语中"给予"类双宾构式包含的语义类则变得很丰富具有13个次类(见第三章

[①] 特劳戈特和特劳斯代尔(2013)借鉴迪沃尔德(Diewald)(2006)的论述,即与构式原本不相容的词素在隐喻扩展等认知和语用过程之后变得相容。

第三节表1）。公元前13—前11世纪的甲骨文中的"取得"类双宾构式中只发现了两个"获取"义双宾动词和有限的几个句子，类推作用也使可以进入构式的动词语义类不断增加，公元前13—前11世纪"取得"类双宾构式已经具有最早的成员"获取"类，公元前8—前2世纪增加了"抢夺"和"购买"类，7—13世纪增加了"诓骗"类，14—20世纪增加了"占据""扣留""租借""吃喝"和"抓捕"类。能进入这两个类别构式的动词语义类越来越丰富，以双宾动词为核心的构式的语义类别也同时增加，从另一方面也体现了构式对进入其中的动词的限制减少。

第二个方面是新的语义语用特点不断进入构式，成为双宾构式意义属性的一部分。构式语义语用扩展的情况与新语义特点的出现密切相关，这些新的语义语用特点随着新语义类的双宾动词进入构式。因此新的双宾动词被允许出现在构式中是语义语用扩展的关键，这些双宾动词不仅包含直接宾语在间接宾语和主语之间发生位移，还包涵了施动主语和间接宾语之间的社会关系及其主观评价，比如社会联系中角色的差别和社会地位的高低等。例如甲骨文时期"给予"类双宾构式就已经出现了三个语义类的中观Ⅱ，分别是"给"类、"赏赐"类和"奉献"类。"给"类双宾构式的用例如"争贞：帝其降我熯？"句中双宾动词"降"的直接宾语一般是"旱""艰""熯"等表示灾祸的名词。施动主语一般为"帝"等社会地位崇高，因此蕴含施动主语和间接宾语"我"之间地位高低的差别。此外还蕴含了间接宾语"我"受损的含义，而主语"帝"并没有因此而受益，因此蕴含了主语无所谓损益而间接宾语受损的语义语用特点。"赏赐"类双宾构式的用例如第四章第一节例（2），句子的双宾动词本身"易"有本身是"赏赐"义，句中的间接宾语"多射"因得到"燕"而受益，但是动词"易"的施动者并未因此而受损，所以蕴含了主语无所谓损益而间接宾语受益的语义语用含义。"奉献"类双宾构式的用例如第四章第一节例（3），句中的双宾动词"夕"是祭祀意义的动词，本身就蕴含了接受"奉献"者受益的意义，因此句子的间接宾语"父丁"在祭祀活动中得到"三牢"是受益的。而双宾动词"夕"以及句子的语义语用含义并没有蕴含施动者受损的含义，所以句子蕴含了主语无所谓损益而间接宾语受益的语义语用特点。春秋战国时期较之甲骨文时期出现了新的中观Ⅱ。"赠送"类双宾构式的用例如第四章第一节例（4）中的双宾动词"归"本身就有接受"赠送"者受益的意义，所以句子的间接宾语

"孔子"在这个过程中得到了"豚"是受益的。"委托"类双宾构式的用例如第四章第一节例（5），句子的双宾动词"托"本身的语义并没有蕴含主语或者间接宾语有所损益的意义。但在用例中直接宾语"狱"这件事情被"托"给间接宾语"夫子"（即晏子）的过程中，间接宾语"夫子"虽并未有所损益，但施动者"公"（即齐景公）因此受益。此外，这三个中观 II 不包含对社会地位高低的评价但是包含了新的施动主语和间接宾语之间的社会关系。如"赠送"类突出了施动者无偿给予的意义、"委托"类突出了施动者希望得到接受者的协助或帮助的意义。"归还"类则蕴含了被转移物的所有权本来是属于接受者的意义。这些新语义语用特点的出现是语义语用的扩展的本质，也是构式包容性扩展的重要部分。

根据我们的考察，"取得"类、"教示"类和"消除"类也经历了基本相同的语义类别和语义语用特点的扩展。基于此，我们认为现存所有汉双宾构式的中观 I 都经历了同样的扩展，这样，从双宾构式宏观构式的层面来讲，构式囊括了所有成员包容性的扩展。

二 构式图式性程度的增加

语义语用类推扩展也使构式的图式性程度不断增高。

图式性程度是从构式的抽象程度方面来说的，抽象程度直观地反映在构式层级结构的复杂程度上。我们归纳的构式层级结构反映了构式内部不同语义类组成的语义网络，层级结构越复杂，构式符号化的形式所代表的语义就越多，构式的意义就越泛华越抽象，图式性程度就越高。

根据第六章的考察分析公元前 13—前 11 世纪甲骨文中"教示"类双宾构式中只发现了两个"告诉"义的双宾动词"言、告"以及有限的几个句子。此时类推扩展已经开始并持续进行，持续的类推扩展作用使进入"教示"类构式的动词语义类不断增加。公元前 13—前 11 世纪出现了最初的"获取"类，公元前 8—前 2 世纪增加了"抢夺"和"购买"类，7—13 世纪增加了"诓骗"类，14—20 世纪增加了"占据""扣留""租借""吃喝"和"抓捕"类。构式的语义网络结构不断延伸，层级结构也越来越复杂。公元前 13—前 11 世纪甲骨文中的"教示"类双宾构式有一个非常简单的层级结构（见第六章第 节图25）。虽然"教示"类双宾构式的次类在唐宋时期就已经基本形成但是仍然在低层级的层面继续扩展，如现代汉语中出现了诸多由新"教示"类双宾动词构成的微观构式。现代汉语中的

"教示"类双宾构式的语义类具有 5 个中观 II（见第三章表 3 和第六章第一节图 29）。由于构式的语义类增多其层级结构也更加复杂（见第六章图 25—图 29）。这导致形式为 $V_{教示}O_1O_2$ 的"教示"类双宾构式较之最初已经变得更抽象图式性的程度更高。

另如，"消除"类双宾构式也存在相同的图式性程度增高的过程。公元前 13—前 11 世纪的甲骨文中并不存在"消除"类双宾构式。公元前 8—前 2 世纪存在的"损毁"类和"消灭"类中观 II 可以视为最早的"消除"类中观构式，7—13 世纪时增加了"消耗"类和"减免"类，至此"消除"类中观 I 所包含的中观 II 的类别已经基本形成此时，"消除"类双宾构式所包涵的意义已经比较丰富。与"教示"类相似"消除"类双宾构式的次类在唐宋时期也已经形成但是仍然在更低层级的构式层面继续扩展，如现代汉语中出现一些新的"消除"类双宾动词构成的微观构式。构式的层级结构也随着语义类的增加变得更为复杂。公元前 8—前 2 世纪春秋战国时期的"消除"类双宾构式的层级结构较为简单（见第六章第二节图 30），现代汉语"消除"类双宾构式的层级结构则变得复杂（见第六章第二节图 33）。最终构式的意义变得更泛化，导致形式为 $V_{消除}O_1O_2$ 的"消除"类双宾构式较之最初更抽象、图式性程度也更高。

三 二维循环扩展

由于我们的研究是以中观 I 为研究重点，所以本小节也从中观 I 的角度探讨。

理论上来讲，所有双宾构式中观 I 的形成和发展都应始于第一个用例，包容性和图式性程度的增高也从第一个用例开始。本书考察的四个中观 I，"给予"类中观 I 应该是由"给"类双宾动词构成的第一个构例开始，"取得"类中观 I 应由第一个"获取"类双宾动词构成的第一个构例开始，"教示"和"消灭"类中观 I 应该由第一个"告诉"类双宾动词和"消灭"类或"损毁"类双宾动词构成的第一个构例开始。以"教示"类为例，首个用例经过重复使用固定为最初的"教示"类中观 I"形式—意义"的组配，此时构式的语义语用特点和层级结构很简单，是实体性的构式，图式性程度为零。此后的演化过程是以它为最初的范例进行的构式的后构式化演化，经历了持续地类推扩展。从一方面来说，第一个"告诉"类双宾动词出现在不同的句子中形成了不同的构例，这就构成了第一个"告诉"类微观构式,这个过程的伴随着"告诉"的同构项的扩展和例频率①的增加,这就使更多语义相近的"告诉"类动词通过类推扩展出现在这个构式中,使"告诉"类中观Ⅱ的内部成员增加,语义语用特点出现扩展(即一种包容性的扩展)。另一方面,"告诉"类的微观构式构成的中观Ⅱ也会通过类推扩展使其他语义类的动词进入"教示"类双宾构式构成新的微观构式,使进入构式的语义类别增加(另一种包容性的扩展)。这两个方面的类推扩展会产生新的构例、微观构式和中观Ⅱ。包容性的扩展使构式的概括性增大,意义泛化,抽象程度增高,图式性程度也增高。在这个演化过程中,图式性程度的增高意味着语义的泛化,因此语义方面的限制条件就会减少,这又对进一步的语义语用类推起到促进作用,是构式包容性增长的促进因素。比如,春秋战国时期存在的"教授"类中观Ⅱ就是通过这种类推扩展出现的,之后继续类推扩展到不同的语义语用环境和不同的双宾动词,产生新的微观构式或中观Ⅱ,出现新的包容性的扩展。新的"教示"类双宾动词可以进入"教示"类双宾构式使构式的层级结构进一步复杂化,反映了构式抽象程度增加,图式性程度又增高。包括"教示"类双宾构式在内的所有中观Ⅰ的演化都遵循这个过程。因此,汉语双宾构式的发展演化是一个构式包容性程度和图式性程度的二维循环扩展过程。

第三节 汉语双宾构式基于范例的类推扩展

本节基于历时构式语法理论并借鉴范例(exemplars)概念从双宾动词及双宾构式的语义语用特点方面讨论汉语双宾构式的类推扩展。根据第二章对范例(exemplars)理论的介绍,范例是一批记忆中的实例,是具有某些具体意义特点的用例,这些具体的意义特点构成了整个构式的属性及特点。范例理论关注人如何从相同相似的用例中获得知识(沃斯博尔斯、冯帕艾默尔和施托姆,2008)。在基于范例的模型中范畴被定义为一批记忆中的范例[皮埃安贝尔(2001)],具体的意义特点构成了整个构式的属性及特点(韦德尔,2006)。拜比(2010,2013)也认为相同或相似的用例出现后,它们所拥有的相同或相似的意义特点构成了整个构式的

---

① 例频率即 token frequency,也可称为文本频率,可参见彭睿(2011)。

特征，拜比（2013）还认为基于范例可以更好地解释构式的动态性（dynamics）。基于以上观念，我们在讨论某历史时期发生的变化时，把在这一历史时期之前存在的所有已有用法视为范例。

从历时演化的角度来看，在构式演化过程中新的用例伴随着新的特点，这些新特点在具有层级性的构式中可以从微观到宏观归入与之相对应的不同层级的构式中，并作为范例对进一步的演化产生影响。从另一个方面来讲，在构式的演化过程中，范例的内容及其诠释随着使用的改变而改变，以递进的方式影响构式的演化。也就是说，新的用例在习用化之后可以成为新的范例或作为范例的成员从而改变整个构式的特点。因此，我们需要考察构式动态变化的属性和特点，这样就可以解释构式从根本上是如何变化的。这些属性的变化主要表现为新用法突破原有语义限制，即原始限制条件。我们发现所有汉语双宾构式都具有某些共同的原始限制条件，它们是汉语双宾构式区别于其他复杂宏观构式的限制条件。这些限制条件包括：核心动词后接两个连续的名词性成分，动词导致直接宾语和间接宾语之间的固有关系出现变化，动词后的名词不能只充当除宾语外的其他句法成分。由于这个这三个限制条件是基于汉语双宾构式与其他宏观构式之间的区别所设立，因此本章讨论较低层级的中观构式时没有纳入讨论，在第八章第二节的讨论时才把它们统计在内。

一 "给予"类双宾构式的范例及基于动词语义的原始限制条件

本书以双宾动词为重点来考察有两个原因。首先，动词在构式中拥有极其重要的意义（见第三章第一节论述）。其次，我们对汉语双宾构式研究时发现动词在演化中体现出了比较典型的特点，以动词为主的考察有利于我们进一步地探讨，而其他构式成分如名词在演化中则不具有非常鲜明的特点和规律。

根据"给予"类构式的构式意义以及核心类别"给"类所具有的特点设定限制条件（见表39）来考察这些限制条件的消除、各个小类的出现，以及整个"给予"类双宾构式发展的脉络，进而讨论整个"给予"类双宾构式的特点是如何随其小类发展而演化的。本书选择"给"类作为核心原因有两个。第一，它是"给予"类双宾构式出现最早的成员之一，在可考最早的文献甲骨文中包含"给"类、"奖赏"类和"奉献"类三个成员。第二，从数据统计上看"给予"类双宾构式出现后，"给"类包含的以动词为代表的微观构式在绝大多数时期一直是各成员中规模最大的，见表38。

表 38 各时期"给予"类常用双宾动词统计表

	V给 O₁O₂	V贵 O₁O₂	V献 O₁O₂	V送 O₁O₂	V托 O₁O₂	V还 O₁O₂	V谢 O₁O₂	V帮 O₁O₂	V卖 O₁O₂	V补 O₁O₂	V租 O₁O₂	V分 O₁O₂	V与 O₁O₂	V给 O₁O₂
前13—前11世纪	4	2	7	0	0	0	0	0	0	0	0	0	0	0
前8—前2世纪	3	3	4	3	3	3	0	0	0	0	0	0	0	0
7—13世纪	3	2	1	4	2	2	2	3	0	0	0	0	4	0
14—20世纪	0	5	3	3	2	3	5	5	1	6	2	1	24	0
20世纪以后	5	7	6	13	6	11	4	12	3	6	3	8	0	31

说明：不存在的情况用"0"。表中数据统计的是各个时期较常见的动词，不是穷尽性的统计。此处统计的"V与"和"V给"组合后才能进入"给予"类双宾构式的情况。"给"类是指在跟"与"和

表 39　　　　　"给予"类双宾动词原始限制条件

1 动词描述的是非具体的动作	12 动词描述的是非强制力行为
2 动词描述的动作朝向接受者（间接宾语）	13 动词描述的是非肢体动作
3 动词描述的动作不表示空间位移	14 动词不包含可归还的意义
4 动词描述的动作能导致物体空间位移	15 动词不包含付出代价的意义
5 动词描述的动作能产生所有权转移到对方	16 动词不包含使用复杂社会行为技巧的意义
6 动词描述的动作能产生保有权转移到对方	17 动作不包含参考了参与者态度的意义
7 动词描述的动作能产生使用权转移到对方	18 动词不包含参与者社会地位差异的含义
9 动词意义不包含参与者互动的社会活动联系	19 动词意义不包含施动者的目的
10 动词意义不包含损益评价	20 动词意义不包含事件出现的客观原因
11 动词描述的是非言语动作	21 动词意义不包含主观褒贬评价

　　本书的限制条件是指在一个历时平面上所有实例的共同特点。也是以双宾动词为代表的微观构式为依据总结归纳而来。即，范例成员都具有的限制条件视为限制条件成立，有范例成员消除掉的限制条件既视为限制条件不存在。之后几个中观Ⅰ的所有讨论也是如此，范例的限制条件都会随着成员的变化而不断变化。

　　根据表 39 中设定的限制条件我们对各个历史时期新出现的新的"给予"类双宾构式进行分析，见表 40。上文分析说明"给"类是各小类中最稳固的，我们认为它是"给予"类中观Ⅰ的核心类别，由此我们认为公元前 13—前 11 世纪甲骨文中的"给"类应是"给予"类双宾构式的初始状态，所以我们以这个时期的"给"类为标准来制定了原始限制条件。但由于"奖赏"类和"奉献"类在甲骨文中与"给"类同时存在，所以我们就以此时这三个中观Ⅱ作为可考的最早的范例。

表 40　　　　　"给予"类双宾构式原始限制条件变化对照

序号	前13—前11世纪			前8—前2世纪			7—13世纪			14—20世纪		
	V给O₁O₂	V赏O₁O₂	V献O₁O₂	V送O₁O₂	V托O₁O₂	V还O₁O₂	V谢O₁O₂	V帮O₁O₂	V卖O₁O₂	V补O₁O₂	V租O₁O₂	V分O₁O₂	V与O₁O₂
1	+	+	+	+	+	+	+	+	+	+	+	+
2	+	+	+	+	+	+	+	+	−	−	−	−
3	+	+	+	+	+	+	+	+	+	+	+	+
4	+	+	+	+	+	−	−	−	−	+	+	+

续表

序号	前13—前11世纪			前8—前2世纪			7—13世纪			14—20世纪		
	V给O₁O₂	V赏O₁O₂	V献O₁O₂	V送O₁O₂	V托O₁O₂	V还O₁O₂	V谢O₁O₂	V帮O₁O₂	V卖O₁O₂	V补O₁O₂	V租O₁O₂	V分O₁O₂	V与O₁O₂
5	+	+	+	+	?	+	+	-	+	+	-	-	-
6	+	+	+	+	+	+	+	+	+	+	+	+	+
7	+	+	+	+	?	+	+	-	+	+	-	-	-
8	+	+	+	+	+	+	+	+	+	+	+	+	+
9	+	+	+	+	+	+	+	+	+	+	+	+	+
10	+	-	-	-	-	-	-	-	-	-	-	-	-
11	+	+	+	+	+	+	+	+	+	+	+	+	+
12	+	+	+	+	+	+	+	+	+	+	+	+	+
13	+	+	+	+	+	+	+	-	-	+	+	+	+
14	+	+	+	+	+	+	+	+	+	+	+	+	+
15	+	+	+	+	+	+	+	-	+	+	-	+	+
16	+	+	+	+	+	+	+	+	+	+	+	+	+
17	+	+	+	+	+	+	+	+	+	+	+	+	+
18	+	-	-	+	+	+	+	+	+	-	+	+	+
19	+	+	+	+	+	+	+	+	+	+	+	+	+
20	+	+	+	+	+	-	-	-	+	+	+	+	+
21	+	+	+	+	+	+	+	+	+	+	+	+	+

说明："+"表示符合标准，"-"表示不符合标准，"?"表示不明确，评价时按照"-"进行。

因为现代汉语中的"给予"类双宾构式与14—20世纪基本相同，仅"V与"类被"V给"类替换。在"V与"和"V给"中由于充当V₂的"与"和"给"的存在而对动词的限制条件都显著放宽，而且这两类动词的语义语用特征和进入构式的限制条件也基本一致的，因此我们本节的讨论略去现代汉语的情况只考察到14—20世纪的近代汉语。根据以上分析，在历史演化过程中限制动词进入"给予"类双宾构式的原始限制条件逐渐放宽，见图34。

总结分析以上限制条件变化过程可以发现，构式对进入其中动词限制条件的放宽具有以下特点。动词所蕴含的语义语用特点的扩展主要以参与者之间的社会关系内涵为脉络，与范例之间具有共同的语义语用特点是语义语用扩展的基础。"给予"类双宾构式可考的最早状态是公元前13—前

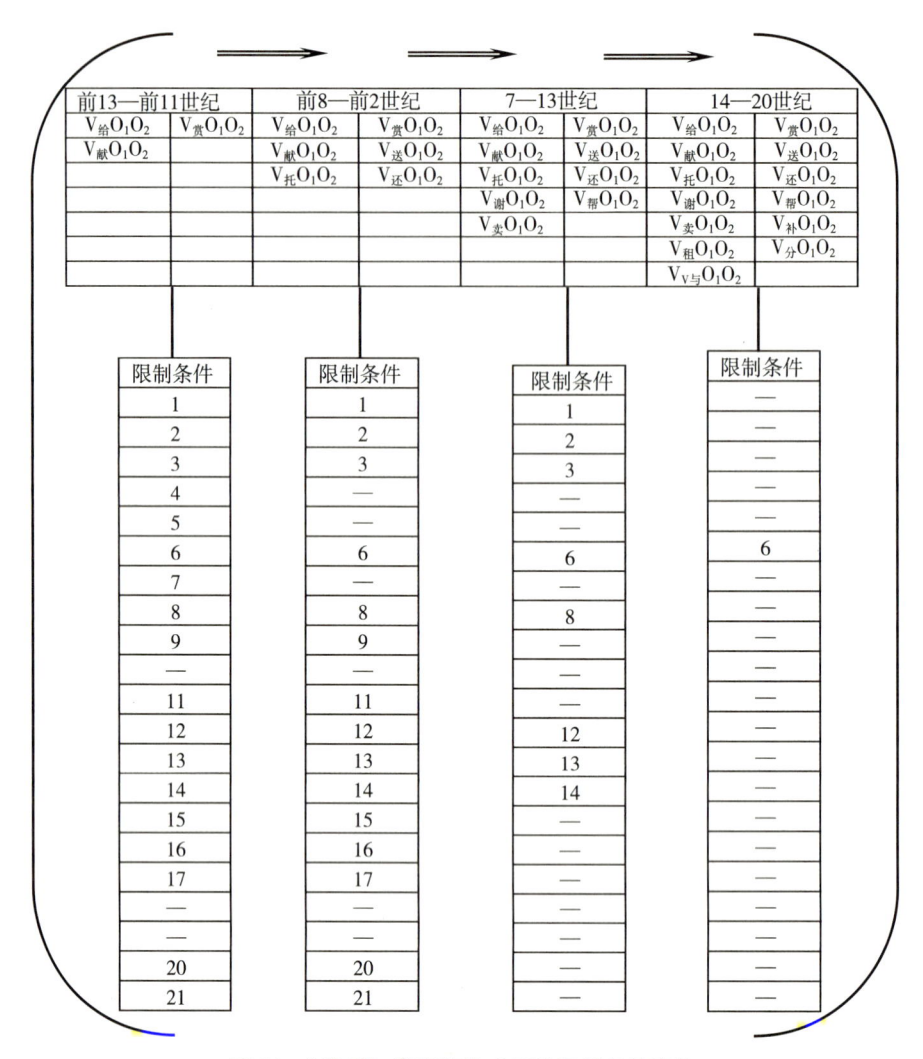

前13—前11世纪		前8—前2世纪		7—13世纪		14—20世纪	
V$_{给}$O$_1$O$_2$	V$_{赏}$O$_1$O$_2$	V$_{给}$O$_1$O$_2$	V$_{赏}$O$_1$O$_2$	V$_{给}$O$_1$O$_2$	V$_{赏}$O$_1$O$_2$	V$_{给}$O$_1$O$_2$	V$_{赏}$O$_1$O$_2$
V$_{献}$O$_1$O$_2$		V$_{献}$O$_1$O$_2$	V$_{送}$O$_1$O$_2$	V$_{献}$O$_1$O$_2$	V$_{送}$O$_1$O$_2$	V$_{献}$O$_1$O$_2$	V$_{送}$O$_1$O$_2$
		V$_{托}$O$_1$O$_2$	V$_{还}$O$_1$O$_2$	V$_{托}$O$_1$O$_2$	V$_{还}$O$_1$O$_2$	V$_{托}$O$_1$O$_2$	V$_{还}$O$_1$O$_2$
				V$_{谢}$O$_1$O$_2$	V$_{帮}$O$_1$O$_2$	V$_{谢}$O$_1$O$_2$	V$_{帮}$O$_1$O$_2$
				V$_{卖}$O$_1$O$_2$		V$_{卖}$O$_1$O$_2$	V$_{补}$O$_1$O$_2$
						V$_{租}$O$_1$O$_2$	V$_{分}$O$_1$O$_2$
				V$_{V与}$O$_1$O$_2$			

限制条件	限制条件	限制条件	限制条件
1	1	1	—
2	2	2	—
3	3	3	—
4	—	—	—
5	—	—	—
6	6	6	6
7	—	—	—
8	8	8	—
9	9	—	—
—	—	—	—
11	11	—	—
12	12	12	—
13	13	13	—
14	14	14	—
15	15	—	—
16	16	—	—
17	17	—	—
—	—	—	—
—	—	—	—
20	20	—	—
21	21	—	—

图 34 "给予"类双宾构式原始限制条件变化

说明：存在的限制条件列出编号，不存在的限制条件用"—"表示。

11 世纪甲骨文中的"给"类、"奖赏"类和"奉献"类构成的用例集合，本书把它们看成最初的范例。其中的"给"类的原始限制条件最多共有 21 个。"奖赏"类和"奉献"类的限制条件仅次于"给"类有 19 个。与"给"类相比消除掉的两个限制条件代表的语义语用特点为在普通的转移外还包含了参与者之间的社会属性的差异，即在社会系统中不同的社会地位以及施动者的行为目的。如第四章第一节中"奖赏"和"奉献"类例句（2）和（3）。到了公元前 8—前 2 世纪的春秋战国时期"给予"类动词扩展到不强调社会地位的高低转而突出具体行为中的社会关系。即"赠送"类、"委托"类和"归还"类，它们分别蕴含了参与者之间在事件中的不同社会联系。"委托"类蕴含的语义语用特点就和同时期以及之前的其他类别有所差别。其他类别中的语义特点"所有权""保有权""使用权"和"处置权"同时附着在实物上，随实物转移而转移。而"委托"类则只强调了某事的"处置权"的转移，而"所有权""保有权""使用权"的转移则不明确或不存在。与范例之间共同的语义语用特点是新类别类推扩展出现的基础。春秋战国时期出现的"赠送"和"委托"类与"给""奉献"和"赏赐"类构成的范例拥有一些相同的语义特征，如动词描述的是非具体的动作，动作都朝向接受者（宾语），动词描述的动作是非肢体动作，动词描述的动作是非言语动，动词描述的动作是非强制/力行为。新成员加入新的范例形成，并成为下一步类推扩展的基础。到了7—13世纪的唐宋时期允许蕴含其他语义语用特点的动词进入构式。如"售卖"类与新范例之间也具有共同的语义特点，如动词描述的动作能产生处置权转移到对方，动词不包含可归还的意义等。到14—20世纪动词蕴含的动作变得更加复杂，动词所蕴含的其他相关意义也变得更加丰富，原始限制条件大大减少。但与范例具有相同的语义语用特征仍然是类推的基础，如"租借"类和"V与"类与范例之间仍然共享一些语义特点，如动词描述的动作能产生保有权转移到对方。

二 "取得"类双宾构式的范例及基于动词语义的原始限制条件

按照第二节基于范例对"给予"类的讨论方法，本节的"取得"类双宾构式也可以被视为一批记忆中的范例，是具有某些具体意义特点的用例，而这些具体的意义特点构成了整个"取得"类双宾构式的属性及特点。同时基于范例的动态性，范例的内容及其诠释随着使用的改变而改变，新的用例在习用之后可以成为新的范例或范例成员并改变整个构式的特点。本小节我们根据"取得"类构式的构式意义以及核心类别"获取"类所具有的特点设定限制条件考察限制条件的消除和各个小类的出现以及整个"消除"类双宾构式发展的脉络，并进一步讨论整个"取得"类双宾构式的特点是如何随其小类发展而演化的。本书选择"获取"类作为核心原因有两个。第一，它是"取得"类双宾构式出现最早的成员，在可考最早的文献甲骨文中"取得"类只有"获取"类一个成员。第二，从"取得"类双宾构式出现后"获取"类包含的常用的小类一直是各成员中最多的（见表 41 的统计）。这说明"获取"类是各个小类中最稳固的，因此我们认为它是核心类别。

表 41　　　各时期"取得"类常用双宾动词统计

	$V_{取}O_1O_2$	$V_{夺}O_1O_2$	$V_{买}O_1O_2$	$V_{骗}O_1O_2$	$V_{租}O_1O_2$	$V_{扣}O_1O_2$	$V_{占}O_1O_2$	$V_{吃}O_1O_2$	$V_{抓}O_1O_2$
公元前13—前11世纪	2	0	0	0	0	0	0	0	0
公元前8—前2世纪	4	3	1	0	0	0	0	0	0
7—13世纪	5	2	1	4	0	0	0	0	0
14—20世纪	14	8	3	7	2	2	3	2	3
20世纪以后	22	8	13	15	19	5	6	8	6

说明：不存在的情况用"0"。本表数据统计的是各个时期较常见的动词，不是穷尽性的统计。

公元前 13—前 11 世纪甲骨文中的"获取"类有两个动词"取、乞"可以进入双宾构式。根据孟世凯（2009）两个动词都是"取得、获取"义。因此我们认为此时的"获取"类双宾构式是"取得"类双宾构式的初始状态，并以这个时期的"获取"类为范例来制定原始限制条件，见表 42。

表 42　　　"取得"类双宾动词原始限制条件

1 动词描述的是非具体的动作	9 动词描述的是非言语动作
2 动词描述的动作朝向施动者（主语）	10 动词描述的是非强制力行为
3 动词描述的动作表示空间位移	11 动词描述的是非暴力行为
4 动词描述的动作能导致物体空间位移	12 动词不包含可归还的意义
5 动词描述的动作能产生所有权转移到己处	13 动词包含未付出代价的意义
6 动词描述的动作能产生保有权转移到己处	14 动词不包含复杂计谋手段的意义
7 动词描述的动作能产生使用权转移到己处	15 动作不包含参考了参与者态度的意义
8 动词描述的是非肢体动作	

根据以上限制标准我们对每个新出现的"取得"类双宾构式进行分析，见表 43。

表 43　　　　"取得"类双宾构式原始限制条件变化对照

	前13—前11世纪	前8—前2世纪		7—13世纪		14—20世纪				
	V取O₁O₂	V夺O₁O₂	V买O₁O₂	V骗O₁O₂	V扣O₁O₂	V租O₁O₂	V占O₁O₂	V吃O₁O₂	V抓O₁O₂
1	+	-	+	+	+	+	+	-	+
2	+	+	+	-	-	-	-	-	-
3	+	+	-	-	-	-	-	?	-
4	+	+	+	+	-	-	-	-	-
5	+	+	+	+	-	-	-	+	-
6	+	+	+	+	+	+	+	-	+
7	+	+	+	+	+	+	+	?	+
8	+	+	+	+	-	-	-	-	-
9	+	+	?	?	?	+	+	+
10	+	-	-	-	-	-	-	-	-
11	+	+	+	-	+	+	+	-	-
12	+	+	+	+	-	-	-	?	-
13	+	+	-	-	-	+	+	-	+
14	+	+	+	+	-	-	-	-	-
15	+	+	-	-	-	-	-	+	+

说明:"+"表示符合标准,"-"表示不符合标准,"?"表示不明确,评价时按照"-"进行。

　　根据以上分析,在历史演化过程中限制动词进入"取得"类双宾构式的原始限制条件逐渐放宽,见图35。

　　总结以上演化过程我们可以发现,构式对进入其中动词的限制条件的放宽具有以下特点。动词蕴含的动作特征从一般到较具体,比如从"获取"类动词类推扩展到"抢夺"类动词。从主要表达具有空间意义的肢体动作到表达复杂的包含非空间意义的言语行为的动作,比如从"抢夺"类和"购买"类动词扩展到"诓骗"类动词。从表达实物的空间转移到抽象概念的转移,比如"扣留"类、"租借"类、"占据"类和"抓捕"类区别出了"所有权""保有权"和"使用权"等抽象概念的转移。动词蕴含的社会属性方面的语义语用特点也有所增加,比如"获取"类双宾动词语义特点中的"所有权""保有权"和"使用权"同时附着在实物上,随实物转移而转移没有被区分开,而近代汉语中"租借""扣留"

前13—前11世纪	前8—前2世纪		7—13世纪		14—20世纪	
V_取O₁O₂	V_取O₁O₂	V_夺O₁O₂	V_取O₁O₂	V_夺O₁O₂	V_取O₁O₂	V_夺O₁O₂
	V_买O₁O₂		V_买O₁O₂	V_骗O₁O₂	V_买O₁O₂	V_骗O₁O₂
					V_租O₁O₂	V_扣O₁O₂
					V_占O₁O₂	V_吃O₁O₂
					V_抓O₁O₂	

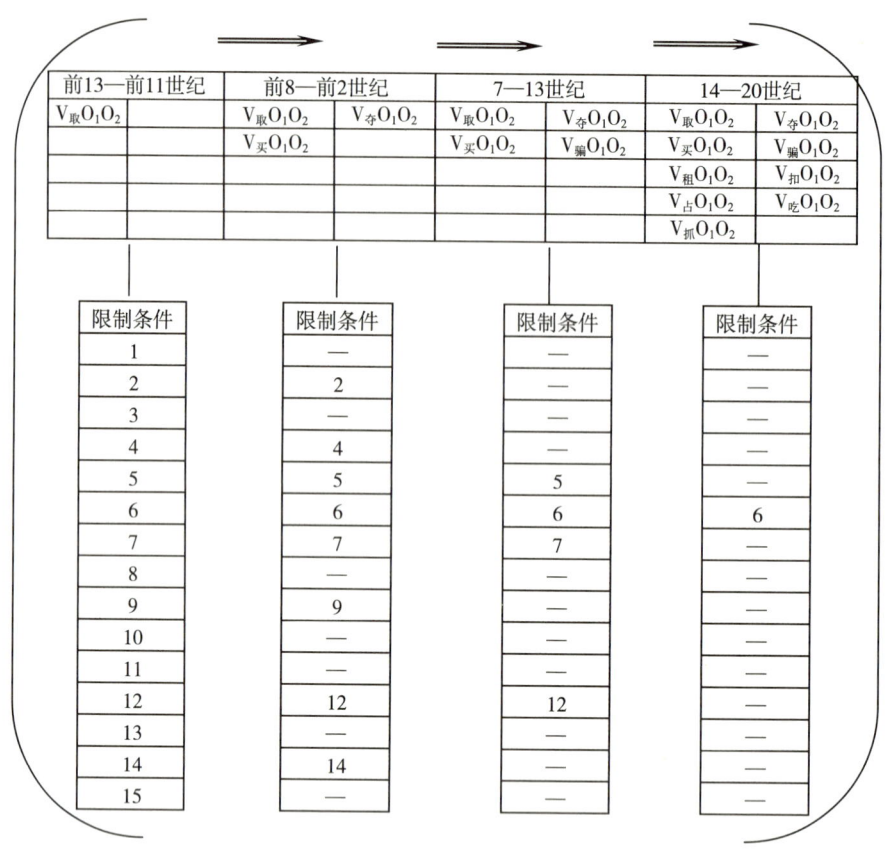

限制条件	限制条件	限制条件	限制条件
1	—	—	—
2	2	—	—
3	—	—	—
4	4	—	—
5	5	5	—
6	6	6	6
7	7	7	—
8	—	—	—
9	9	—	—
10	—	—	—
11	—	—	—
12	12	12	—
13	—	—	—
14	14	—	—
15	—	—	—

图 35 "取得"类双宾构式原始限制条件变化

说明：存在的限制条件列出编号，不存在的限制条件用"—"表示。

"占据"和"抓捕"类不仅具有明显的社会性活动的属性，动词的意义还区别了"所有权""保有权""使用权"等更具体的人类社会关系中的"物权"概念。与范例之间共同的语义特点是新类别类推扩展出现的基础。春秋战国时期出现的"抢夺"和"购买"与范例"获取"类与拥有一些相同的语义特征，如动作都朝向施动者（主语），动作都蕴含空间位移，都能导致物体空间位移，都能产生所有权、保有权和使用权的转移，新成员加入新的范例形成，并成为下一步类推扩展的基础。到了 7—13 世纪的唐宋时期允许含言语行为义的动词进入构式。"诓骗"类与新范例之间也具有共同的语义特点，如动作都蕴含空间位移，都能导致物体空间位移，都能产生所有权、保有权和使用权的转移，之后的扩展又以此时形成的新范例为基础来进行。到 14—20 世纪动词蕴含的动作变得更加复杂，动词所蕴含的其他相关意义也变得更加丰富，比如取得之后是否会归还以及伴随着实物的转移而产生的抽象概念（"所有权""保有权""使用权"）的转移等意义也在演化过程中相继出现。与范例具有相同的语义特征仍然是类推的基础，如"扣留""租借""占据"三个次类，与范例之间仍然共享一些语义特点，如动作能产生保有权和使用权转移。

三 "教示"类双宾构式的范例及基于动词语义的原始限制条件

我们根据"教示"类构式的构式意义以及核心类别"告诉"类所具有的特点设定限制条件来考察各个小类的出现及其与整个"教示"类双宾构式的关系，并进一步讨论整个"教示"类双宾构式的特点是如何随其小类发展的过程而演化的。本书选择"告诉"类作为核心原因有两个。第一，它是"教示"类双宾构式出现最早的成员，在可考最早的文献甲骨文中"教示"类只有"告诉"类一个成员。第二，从"教示"类双宾构式出现后"告诉"类包含的常用的小类一直是各成员中最多的，见表44。表44中的统计数据说明"告诉"类是各个小类中出现最早而且型频率一直是各个时期最高的，因此它是最稳固的小类，由此我们认为它是核心类别。

表 44　　　　各时期"教示"类常用双宾动词统计表

	$V_{告} O_1 O_2$	$V_{教} O_1 O_2$	$V_{问} O_1 O_2$	$V_{答} O_1 O_2$	$V_{嘱} O_1 O_2$
公元前13—前11世纪	2	0	0	0	0
公元前8—前2世纪	3	2	0	0	0
7—13世纪	4	3	1	2	2
14—20世纪	7	2	3	4	5
20世纪以后	8	8	6	6	7

说明：不存在的情况用"0"。本表统计的是各个时期较常见的动词，不是穷尽性的统计。

公元前13—前11世纪甲骨文中的"告诉"类有两个常见动词"告、言"可以构成双宾构式。我们认为此时的"告诉"类双宾构式是"教示"类双宾构式的初始状态，并以这个时期的"告诉"类为初始范例，同时结合前文对"给予"类和"取得"类双宾构式原始限制条件的设定来制定"教示"类双宾构式的原始限制条件，见表45。根据表45中所设定的限制条件我们对各个不同历史时期新出现的类别进行分析，见表46。

表45　　　　　"教示"类双宾动词原始限制条件

1 动词描述的是非具体的动作	9 动词描述的动作能产生信息所有权变化
2 动词描述的是非肢体动作	10 动词语义不包含施动者的目的
3 动词描述的是言语动作	11 动词语义不包含参与者的社会联系
4 动词描述的动作不表示空间位移	12 动词语义不包含客观的损益评价
5 动词描述的动作朝向接受者（间接宾语）	13 动词语义不包含施动者实施动作的原因
6 动词描述的动作能导致信息所处主体发生变化	14 动词语义不包含逻辑上相关的其他事件
7 动词描述的动作能产生信息使用权变化	15 动词语义不包含参考了接受者意见的意义
8 动词描述的动作能产生信息保有权变化	

表46　　　"教示"类双宾构式原始限制条件变化对照

限制条件	公元前13—前11世纪	公元前8—前2世纪	7—13世纪		
	V$_{告}$ O$_1$O$_2$	V$_{教}$ O$_1$O$_2$	V$_{问}$ O$_1$O$_2$	V$_{答}$ O$_1$O$_2$	V$_{嘱}$ O$_1$O$_2$
1	+	+	+	+	+
2	+	+	+	+	+
3	+	+	+	+	+
4	+	+	+	+	+
5	+	+	+	+	+
6	+	+	+	+	+
7	+	+	+	+	+
8	+	+	+	+	+
9	+	+	?	+	+
10	+	—	—	—	—
11	+	—	—	—	—
12	+	—	—	—	—
13	+	—	—	—	—
14	+	+	—	—	—
15	+	—	—	—	+

说明："+"表示符合标准，"—"表示不符合标准，"?"表示不明确，评价时按照"—"进行。

根据以上分析，在历史演化过程中限制动词进入"教示"类双宾构式的原始限制条件逐渐放宽，见图 36。

公元前13—公元前11世纪	公元前8—公元前2世纪		7—13世纪		14—20世纪	
SV$_{告}$O$_1$O$_2$	SV$_{告}$O$_1$O$_2$	SV$_{教}$O$_1$O$_2$	SV$_{告}$O$_1$O$_2$	SV$_{教}$O$_1$O$_2$	SV$_{告}$O$_1$O$_2$	SV$_{教}$O$_1$O$_2$
			SV$_{问}$O$_1$O$_2$	SV$_{答}$O$_1$O$_2$	SV$_{问}$O$_1$O$_2$	SV$_{答}$O$_1$O$_2$
			SV$_{嘱}$O$_1$O$_2$		SV$_{嘱}$O$_1$O$_2$	

限制条件	限制条件	限制条件	限制条件
1	1	1	1
2	2	2	2
3	3	3	3
4	4	4	4
5	5	5	5
6	6	6	6
7	7	7	7
8	8	8	8
9	9	—	—
10	—	—	—
11	—	—	—
12	—	—	—
13	—	—	—
14	14	—	—
15	15	—	—

图 36 "教示" 类双宾构式原始限制条件变化

说明：存在的限制条件列出编号，不存在的限制条件用"—"表示。

  总结以上演化过程我们可以发现，"教示"类双宾构式对进入其中动词的限制条件的放宽具有以下特点。动词及构式所蕴含的语义语用含义不断扩展变得更加丰富。通过类推扩展新出现的新语义类双宾动词及其构式与范例之间的共同语义语用特点是类推进行的语义基础。"教示"类双宾构式的初始状态是公元前 13—前 11 世纪甲骨文中的范例"告诉"类。它只包含了几个由"言"和"告"构成的两个微观构式。在意义上只允许表示一般性信息转移，不包含其他具体的动作特点。如第六章例（1）a 和（1）b，仅仅表示和某事物相关的信息被转移到了接受者那里。到了公元前 8—前 2 世纪的春秋战国时期"教示"类动词扩展到"教授"类动词，蕴含更多除信息传递以外的特点，如包含了施动者的目的，使接受者获得信息而提高知识水平。动词及构式蕴含的动作意义以外的其他相关背景信息增加。例如，"教授"类双宾动词不仅含有传递信息的意义，还蕴含了与接受者相比较施动者占有了较多与事件相关的信息的意义。"询问"类双宾动词除蕴含了信息传递的意义外还蕴含了施动者实施信息传递行为的目的，即施动者为了得到与直接宾语（所传递信息）相关的信息资源而实施该行为。"应答"类双宾动词除了蕴含信息传递的意义之外还蕴含了导致施动者实施信息传递行为的客观原因，即接受者在之前向施动者提出了要求或请求。"给予"类和"取得"类语义特点中所蕴含的"所有权""保有权"和"使用权"附着在实物上时，可以同时随实物转移而转移，也可以出现相互分离独自转移的情形，如"租借"类和"扣留"仅仅转移了"保有权""使用权"这样的抽象概念。但是由于被转移物自身的属性为非实体的信息，导致在"教示"类中不存在这种情况。这些语义语用特点都不是双宾动词描述的行为动作方面的特征，而是在这之外的与行为动作相关的交际环境中的其他社会属性方面的特点。共同的语义语用特点是类推扩展的基础，"教授"类与"告诉"拥有一些相同的语义特征，如动词描述的动作都蕴含了言语行为的意义，动词描述的动作都不蕴含空间位移也都不能导致物体空间位移，都能产生信息所有权、保有权和使用权的转移，等等。"教授"类中观 II 的形成也意味着新的由"告诉"类构式和"教授"类构式共同构成的范例形成，并成为下一步类推扩展的基础。7—13 世纪的唐宋时期允许更多语义类别的动词进入"教示"类构式。"询问"类、"回答"类和"嘱咐"类与新范例之间也具有诸多共同的语义特点。如动词语义都包含了施动者的目的，包含了参与者的社会角色联系，包含了一些与事件相关的损益评价，都能导致信息的所有权、保有权和使用权转移等。

四 "消除"类双宾构式的范例及基于动词语义的原始限制条件

"消除"类双宾构式与本书讨论的其他三个双宾构式相比较出现的较晚。变化不剧烈但是仍然具有一些值得注意的特点。本节按照"给予"类、"取得"类和"教示"类双宾构式讨论的方法，依据"消除"类构式的构式意义和较早出现的类别"消灭"类和"损毁"类所具有的特点选择出核心类别，并进一步根据核心类别设定限制条件来考察其余各个小类的出现并进一步讨论整个"消除"类双宾构式的特点是如何随其小类发展而演化的。我们选择"损毁"类作为核心，原因有两个。第一，它是"消除"类双宾构式出现最早的两个成员之一。第二，从"消除"类双宾构式出现后，"损毁"类包含的常用的小类一直是各成员中最多的，见表47。说明"损毁"类是各小类规模最大最稳固的，因此它是核心类别。

表 47　　　　各时期"消除"类常用双宾动词统计表

	$V_{毁} O_1 O_2$	$V_{灭} O_1 O_2$	$V_{耗} O_1 O_2$	$V_{免} O_1 O_2$
公元前 13—公元前 11 世纪	0	0	0	0
公元前 8—公元前 2 世纪	4	2	0	0
7—13 世纪	2	1	2	2
14—20 世纪	8	6	5	3
20 世纪以后	35	13	12	6

说明：不存在的情况用"0"。本表数据统计的是各个时期较常见的动词，不是穷尽性的统计。

上文分析确定"损毁"类是"消除"类的核心类别。理论上来讲公元前 8—前 2 世纪之前"损毁"类更有可能是所有类别中出现最早的初始类别，即"消除"类双宾构式的初始状态。因此本书以公元前 8—前 2 世纪的"损毁"类为初始范例，并以此来制定原始限制条件，见表48。

表 48　　　　"消除"类双宾动词原始限制条件

1 动词描述的是非具体的动作	9 动词描述的动作可能没有导致事物所有权消失
2 动词描述的是非肢体动作	10 动词语义不包含施动者的目的
3 动词描述的是非言语动作	11 动词语义不包含社会角色联系
4 动词描述的动作不表示空间位移	12 动词不包含主观的褒贬评价
5 动词描述的动作无方向性	13 动词描述的动作导致物体空间性消失
6 动词描述的动作能导致事物使用价值消失或受损	14 动词语义不包含逻辑上相关的不同事件
7 动词描述的动作可能没有导致事物使用权消失	15 动作较强调客观的损益对比意义
8 动词描述的动作可能没有导致事物保有权消失	

根据表中的原始限制条件我们对每个新出现的类别进行分析，见表49。根据以上分析，在历史演化过程中限制动词进入"消除"类双宾构式的原始限制条件逐渐放宽，见图37。

表49　　　　"消除"类双宾构式原始限制条件变化对照

限制条件	公元前13—前11世纪	公元前8—公元前2世纪		7—13世纪	
		$V_{毁} O_1 O_2$	$V_{灭} O_1 O_2$	$V_{耗} O_1 O_2$	$V_{免} O_1 O_2$
1	——	+	+	+	+
2	——	+	+	+	+
3	——	+	+	+	+
4	——	+	+	+	+
5	——	+	+	+	+
6	——	+	+	+	+
7	——	+	−	−	?
8	——	+	+	+	?
9	——	+	+	−	?
10	——	+	+	+	−
11	——	+	+	+	+
12	——	+	+	+	+
13	——	+	+	+	−
14	——	+	+	+	+
15	——	+	+	+	+

说明：——表示这个时期没有查到此类用法，"+"表示符合标准，"−"表示不符合标准，"?"表示不明确，评价时按照"−"进行。

总结以上演化过程我们可以发现，"消除"类双宾构式对进入其中动词的限制条件的放宽具有以下特点。动词所蕴含的语义语用含义不断扩展变得更加丰富。公元前13—前11世纪甲骨文中并未见"消除"类双宾构式。公元前8—前2世纪的春秋战国时期出现了最早的"消除"类双宾构式。根据分析我们认为"损毁"类动词更可能是最初出现在"消除"类双宾构式中的动词。因此把"损毁"类中观Ⅱ作为"消除"类中观Ⅰ的初始状态，此后动词扩展到蕴含更多除动作本身以外的信息的"消灭"类。"消除"类双宾动词所蕴含的动作的语义语用特点的变化与"教示"类相似，语义语用特点的变化主要是动词蕴含的动作意义以外的其他相关

第七章 基于构式的解释

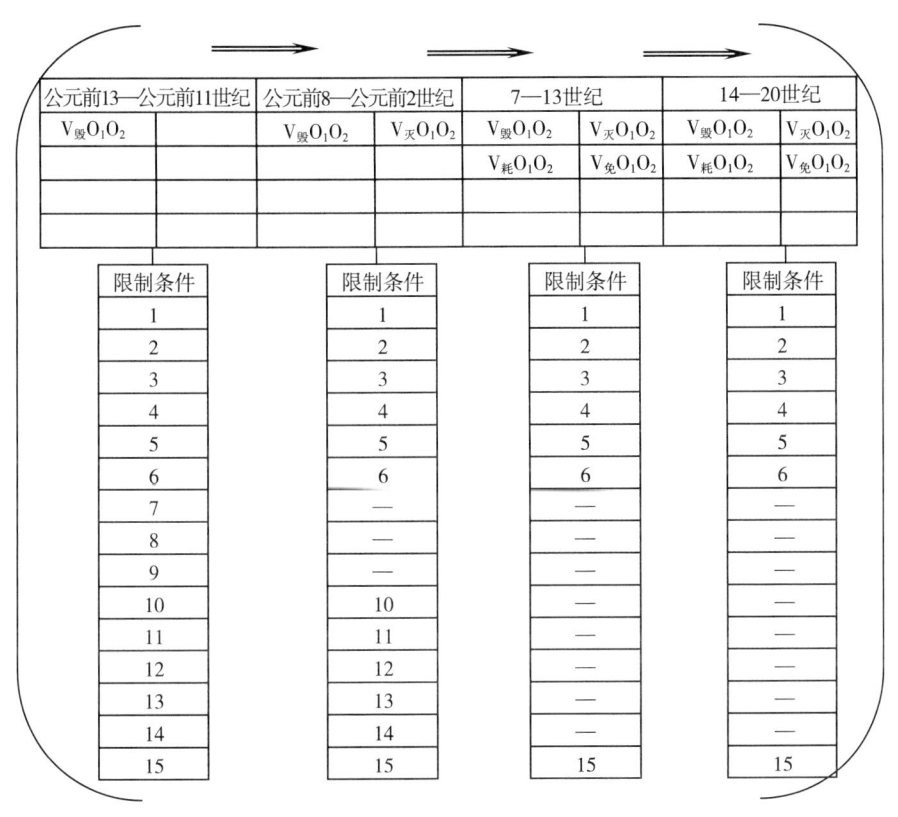

公元前13—公元前11世纪	公元前8—公元前2世纪		7—13世纪		14—20世纪	
$V_{毁}O_1O_2$	$V_{毁}O_1O_2$	$V_{灭}O_1O_2$	$V_{毁}O_1O_2$	$V_{灭}O_1O_2$	$V_{毁}O_1O_2$	$V_{灭}O_1O_2$
			$V_{耗}O_1O_2$	$V_{免}O_1O_2$	$V_{耗}O_1O_2$	$V_{免}O_1O_2$

限制条件	限制条件	限制条件	限制条件
1	1	1	1
2	2	2	2
3	3	3	3
4	4	4	4
5	5	5	5
6	6	6	6
7	—	—	—
8	—	—	—
9	—	—	—
10	10	—	—
11	11	—	—
12	12	—	—
13	13	—	—
14	14	—	—
15	15	15	15

图 37 "消除"类双宾构式原始限制条件变化

说明：存在的限制条件列出编号，不存在的限制条件用"—"表示。

背景信息的增加。例如"消灭"类双宾动词不仅含有使直接宾语消失的意义还蕴含了与事物的所有者（间接宾语）相关的含义，即使用权和保有权消失的意义，但是由于直接宾语的语义语用特点多为"社稷""百姓"，如第六章第二节中例句（10）中可能是间接宾语被亡国，但只要间接宾语本身不消失其所有权的合法性很难讲就已经消失，所以所有权可能还存在。而后一时期的"消耗"类双宾动词除了蕴含使直接宾语消失的意义还蕴含了与事物的所有者（间接宾语）相关的含义，即使用权、保有权和所有权消失的意义。相类似的，"减免"类双宾动词除了蕴含使直接宾语消失的意义外还蕴含了比"消灭"和"消耗"类更多的语义语用特点。如施动者实施消除行为逻辑上存在前因事件，即间接宾语和施动者之间存在某种社会契约，另外，"减免"类双宾动词还蕴含了主观的褒贬评价，不能导致物体空间性的消失，包含施动者的目的，包含社会角色联系等语义语用特点。以上语义语用特点都不是双宾动词描述的行为动作方面的特征，而是交际环境中其他社会属性方面的特点。共同的语义语用特点是类推扩展的基础。"损毁"类与"消灭"双宾动词拥有一些相同的语义语用特征，如动词描述的都是非具体动作、非肢体动作、非言语动作，动词描述的动作都不表示空间位移也都没有方向性，动词语义都蕴含了施动者的目的、不包含社会角色联系、不包含主管的褒贬评价等。"消灭"类中观Ⅱ的形成也意味着新的由"损毁"类中观Ⅱ和"消灭"类中观Ⅱ共同构成的范例形成，并成为下一步类推扩展的基础。到了7—13世纪的唐宋时期构式允许更多语义类别的"消除"类动词进入构式。即"消耗"类和"减免"类，它们与范例之间也具有诸多共同的语义特点。"消耗"类与范例之间的语义语用共同点和"消灭"类与"损毁"类之间的共同点基本一致。"减免"类与范例之间的语义语用共同点如动词语义都是非具体动作、非肢体动作、非言语动作，动词描述的动作都不表示空间位移也都没有方向性，动词描述的动作能导致事物使用价值消失或受损等。

第四节 基于语义相似性的类推扩展与语义强制性

特劳戈特（2008a）以及克罗夫特（2001）认为构式具有赋义功能，且这个赋义过程是通过类推在低层级的微观构式中发生的。这种赋义功能也就是构式具有语义强制性，见特劳戈特和特劳斯代尔（2013），拜比（2010）等。特劳戈特和特劳斯代尔（2013：46）认为创新是人类知识经验的特质，在一个交际群体中演变通过大众接受和共享微小的创新来实现，这些创新发生在说者与听者交际时言语行为里的单个用例之中，而类推则是其中一个主要的演变机制，拜比（2006：730）认为语法应该被视为"语言经验在认知上的组织结构"，拜比（2006：714）还认为语法以构式为基础并且是基于范例来表达的，特定的新用例会对整个构式的特点产生影响。而语言创新来源于说者与听者对临时使用的构例的解读［哈德森（2007）］。也就是说，说者在判断具体的动词能否进入构式时根据自己的经验得出结论（语言经验包括既有的作为范例存在的构式，还包括有可能纳入类推扩展范围的动词以及与动词相关的知识），同时还会根据范例与类推目标之间共同的某些语义语用特点进行类推扩展，把新动词构成的构例运用到已有构式中。例如"给予"类双宾构式最初的范例"给""奖赏"和"奉献"类共同拥有 18 个原始限制条件代表的语义语用特点。在交际中说者会根据某些动词（如动词"归"和"托"等）与范例拥有的相同语义语用特点（如动作都朝向施动者，动作都不表示空间位移，都不是具体动作，能产生保有权和处置权的转移等）创造性地把这些动词使用到构式中，即说者使用新的用法。

特劳戈特和特劳斯代尔（2013：56-58）认为在一个类推过程中说者使用了一个可疑的或者两可的新用法时会导致听者用一个特定的新方式去分析解读。由于这个新解读并不存在于原有的构式中，听者就会为这个用法创造性地设立一个新的位置，而这个新的位置包含了新用法语境中的新信息，即新的语义语用特点。例如，动词"归"和"托"的新用法对于听者而言是超出其经验之外的，不在其了解的最初范例的知识范围内。于是听者就赋予新的单个用法一个新的位置——不属于已有"给予"类的新语义类别。之后，这些动词的新用法经过重复使用固定下来并出现在不同的语义语用环境中构成新的构例，这样新的微观构式就产生了，新的由微观构式构成的中观 II 就形成了，至此一个类推扩展过程完成。进一步类推扩展会使如"馈、赠"等"赠送"类动词和"托、托付"等"委托"类动词进入"给予"类构式形成新的微观构式，使新中观 II 继续发展。

通过与初始范例相比较，一方面可以得出某个新出现的中观 II 消除了几个限制条件。从另一个方面来讲，这个中观 II 与初始范例在其他限制条件上具有共同点，即与范例在这些相关的语义语用特点方面是相同的。这样通过比较就可以得知不同中观 II 在不同历时平面上与范例在语义语用特点上的差异和共性，从而进一步探讨其内部的规律。

一 "给予"类双宾构式的类推扩展与语义强制性

本书基于"给"类的语义特点给汉语双宾构式"给予"设定了 21 个原始限制条件，这些限制条件对应了与它相关的主要语义语用特点。"给予"类的初始范例除核心类"给"类外还包括另外两个类别"奖赏"类和"奉献"类。这两个类别与"给"类在绝大多数限制条件上都是一致的。但是由于语义语用特点的差异（即它们包含了施动者较为具体可感的目的性以及施动者和接受者之间较为明显的社会地位或角色差异）"奖赏"类和"奉献"类在三个限制条件上和"给"类有所区别，即原始限制条件10"动词意义不包含损益评价"，18"动词不包含参与者社会地位差异的含义"和19"动词不包含施动者的目的"。核心类别"给"类和"奖赏"类和"奉献"类拥有的18个相同的原始限制条件所对应的语义语用特点就是下一阶段类推扩展的基础。即在交际中说者会根据某些动词，如动词"归"和"返"与范例拥有相同的语义语用特点（根据表39，即除了与第9条，第18条和第20条限制条件相关的语义语用特点外的其他特点）创造性地把这些动词使用到构式中。这是类推扩展的第一步，即说者使用新的用法。在一个类推过程中，说者使用的可疑的或两可的新用法会导致听者可能用一个新的方式去分析解读。但是由于这个新的解读并不存在于原有的构式中，听者就会为这个用法创造性地设立一个新的位置，而这个新的位置就包含了新用法语境中的新信息，即新的语义语用特点。动词在新的语义语用环境中也被赋予了新的语义语用特征。还以动词"归"和"返"为例，它们的新用法对于听者而言是超出其经验之外的即不在其了解的范例的知识范围内。于是听者就赋予新的单个用法一个新的位置——不属于"给"类的新语义类别"归还"类。这是类推扩展的第二步。之后，新用法经过在交际网络中的不断重复使用固定下来并出现相似的其他构例，如"还"等"归还"类动词可以进入构式新的微观构式就形成了，一个"给予"类中观Ⅱ的类推扩展完成。

　　根据表39和表40分析，我们发现在类推扩展过程中与作为范例的构式之间拥有共同语义语用特点较多的动词较早纳入构式。"给予"类双宾构式最初的范例是由公元前13—前11世纪时的"给"类、"奖赏"类和"奉献"类组成。虽然最初的范例成员"给"类具有全部21个原始限制条件，但是由于初始范例中的其他两个成员"奖赏"类和"奉献"类没有第10、第18和第19条原始限制条件，因此作为一个整体我们认为初始范例已经消除了第10、第18和第19条原始限制条件。根据表39通过与初始范例相比较，"赠送"类消除了1个限制条件与最初的范例在其他20个原始限制条件和对应的语义语用特点方面相同。"委托"类消除了4个限制条件，即与最初的范例在其他17个原始限制条件和对应的语义语用特点方面相同。"归还"类消除了4个原始限制条件，即与范例在其他17个原始限制条件和对应的语义语用特点方面相同。"酬谢"类消除了6个原始限制条件，即与最初的范例在其他15个原始限制条件和对应的语义语用特点方面相同。"帮助"类消除了5个原始限制条件，即与最初的范例在其他16个原始限制条件和对应的语义语用特点方面相同。"售卖"类消除了6个原始限制条件，即与最初的范例在其他15个原始限制条件和对应的语义语用特点方面是相同的。"补偿"类消除了3个原始限制条件，即与最初的范例在其他18个原始限制条件和对应的语义语用特点方面相同。"租借"类消除了11个原始限制条件，即与最初的范例在其他10个原始限制条件对应的语义语用特点方面相同。"分派"类消除了7个原始限制条件，即"分派"类与最初的范例在其他14个原始限制条件和对应的语义语用特点方面相同。"V与"类消除了17个原始限制条件与最初的范例在其他4个原始限制条件和对应的语义语用特点方面相同。根据以上分析我们可以看到，与最初的范例相比较其后出现的10个类别在语义语用特点方面跟这个范例拥有语义语用共同特点个数分别为：公元前8—前2世纪出现的"赠送"类20个、"委托"类17个和"归还"类17个，高于其后公元7—13世纪出现的"酬谢"类15个、"帮助"类16个和"售卖"类15个，除不高于"补偿"类18个共同点外它们基本上都高于在公元14—20世纪最晚出现的"租借"类10个、"分派"类14个、"V与"类4个。这体现了在类推扩展的过程中与作为范例的构式之间拥有共同的语义语用特点较多的动词较早纳入构式的规律。

公元前8—前2世纪之后的演化则以这时已存在6个中观II，即"给"类、"赏赐"类、"奉献"类、"赠送"类、"委托"类和"归还"类中观II构成的范例为基础。因此就需要以此时范例仍然存在的原始限制条件作为对比分析的依据。根据表39所示，与范例相比较"酬谢"类消除了5个限制条件，即"酬谢"类与范例在其他16个原始限制条件和对应的语义语用特点方面相同。"帮助"类消除了6个原始限制条件与范例在其他15个原始限制条件和对应的语义语用特点方面相同。"售卖"类消除了9个原始限制条件与范例在其他12个原始限制条件和对应的语义语用特点方面相同。"补偿"类消除了6个原始限制条件与范例在其他15个原始限制条件和对应的语义语用特点方面相同。"租借"类消除了12个原始限制条件与范例在其他9个原始限制条件和对应的语义语用特点方面相同。"分派"类消除了9个原始限制条件与范例在其他12个原始限制条件和对应的语义语用特点方面相同。"V与"类消除了13个原始限制条件与范例在其他8个原始限制条件和对应的语义语用特点方面相同。根据以上分析我们可以发现与范例相比较其后出现的中观 II 在语义语用特点方面跟范例拥有共同点的个数分别为：7—13 世纪出现的"酬谢"类 16 个、"帮助"类 14 个和"售卖"类 12 个。除"补偿"类以外它们与范例语义语用上的共同特点都高于或等于在公元 14—20 世纪最晚出现的四个类别，"补偿"类 15 个、"租借"类 9 个、"分派"类 12 个和"V 与"类 8 个。因此这一阶段的类推扩展也基本遵守类推扩展过程中与作为范例的构式拥有共同的语义语用含义较多的动词较早纳入构式的规律。

"给予"类双宾构式的语义强制性增加的过程与类推扩展过程是同步的。新的构例以及微观构式被纳入构式对整个构式的特点产生影响，同时构式的属性也被赋予了新构例或微观构式。随着类推的进行构式的语义类逐渐扩展到与范例拥有相同语义语用特征越来越少的类别。在这个演化过程中语义强制性也变得越来越明显。如"给"类和"赠送"类的双宾动词语义本身就蕴含了可以充当直接宾语和间接宾语的受事（转移物）和与事（转移物原所有者），因此它们作为"给予"类双宾构式的小类就不需要构式赋予它们这些语义特点，与之相关的语义强制性就不会出现。而在其后的类推过程中，如"酬谢"类动词"谢、答谢"等在语义上只蕴含了有人物特征的受事不蕴含属于受事的转移物，"分派"类动词如"分、派"等在语义上则只蕴含了被转移到接受者处的受事，而不蕴含拥有受事的与事。当他们通过类推扩展进入"给予"类双宾构式时就会被分别赋予动词本身不拥有的语义语用特征，即上面所提到的"属于受事的转移物"和"拥有受事的与事"。这样看来动词本身的语义语用特点与能否经过扩展进入构式相关，同时不管早晚只要通过类推扩展进入了"给予"类双宾构式就会获得该构式的语义语用特征。如果动词本身具有"给予"类双宾构式必须具有的特点，语义强制性就不会显现，如果动词本身不具有这些特征语义强制性就会很明显。

根据第四章的讨论，我们发现在"给予"类双宾构式出现之后随着历时演化发展构式的语义强制性会进一步加强。主要体现在更多与构式意义语义差异巨大甚至互相排斥的动词可以进入构式。尤其是在元明清及其以后"$V_{V与}$"和"$V_{V给}$"的出现，使其语义强制性更为明显，下面我们以此为例进行探讨。

二 "V 与"类和"V 给"类双宾构式的语义强制性

按照第四章的讨论"与"和"给"是汉语双宾构式演化过程中出现的两个固定的 V_2，它们在双宾构式中充当 V_2 并固定下来产生了引出接受者的与格介词功能。[①] 这使得汉语"给予"类双宾构式对进入其中的动词的限制显著减少。

13 世纪至 20 世纪，元明清时期近代汉语中进入"V 与"类双宾构式的动词的语义类型显著增加，如下面例句[②]。

(1) a. 早忘了戊午日兵临盂水，甲子日胜商纣一戎衣，夺与咱江山社稷。　　　　　　　　　　　　　　　（元《全元曲》）
　　b. 却觅一小富贵，便不然也索与我些少盘缠回家，这里便是蔡伯喈相公府，进入去咱。　　　　　　　（元《全元曲》）
　　c. 小生有花银十两，有铺盖赁与小生一付。　（元《全元曲》）
　　d. 西门庆道："不打紧，我借与他几两银子也罢了。"
　　　　　　　　　　　　　　　　　　　　　　（明《金瓶梅》）
　　e. 相我没双鞋面儿，那个买与我双鞋面儿也怎的？
　　　　　　　　　　　　　　　　　　　　　　（明《金瓶梅》）
　　f. 那两个弟兄笑道：二位既是好汉，且请起，俺指与你路头。
　　　　　　　　　　　　　　　　　　　　　　（明《水浒传》）
　　g. 交与他一支令箭。　　　　（明《三宝太监西洋记》）
　　h. 后头只见绣桔赶来，一面也擦着泪，一面递与司棋一个绢包……　　　　　　　　　　　　　　　（清《红楼梦》）

以上例句都由不能单独进入双宾构式的动词加"与"充当双宾动词。它们可以按照语义特点归纳为三类。第一类为由"取得"类动词和"与"

[①] 汉语学界对 V 给 O_1O_2 中的"给"的定性主要有动词、介词和词素三种观点。朱德熙（1982），黄伯荣、廖序东（1991）认为此处的"给"是动词。认为"给"是介词用于动词后介引对象的如北京大学中文系（1982）。陈昌来（1998）认为"V 给"是复合词，"给"具有介词词性，"V 给"整体拥有动词的功能。本书认为陈昌来的观点更合理。同样本书认为近代汉语 V 与 O_1O_2 中的"与"也是这样。高更生（1990）《汉语语法专题研究》则认为"给"是词素。

[②] 本节的现代汉语相关句除（2）c、（2）d 和（2）e 外的例句转引自丁璇（2014）。

相组合构成"给予"类双宾构式。如上面的例句（1）a和（1）b。第二类为由"租借"类和"交易"类动词跟"与"构成"给予"类双宾构式，如上面的例句（1）c、（1）d和（1）e。第三类由其他类双宾动词构成"给予"类双宾构式。其中V_1的语义语用特点不固定，但语义语用特点不能满足双宾构式的要求，只有和"与"组合才能且只能进入"给予"类双宾构式，如上面的例句（1）f、（1）g和（1）h。其他只能通过跟"与"组合才能进入"给予"类双宾构式的动词如"交、奉、挪、租赁、传递、过、散、分散、撂、留、推、带、让、斟、查点"等。

现代汉语中"给予"类双宾动词除了"酬谢"类都可以用于"SV_1给O_1O_2"。与元明清时期类似，许多不能独自充当双宾动词的动词可以与"给"组合成"V_1给"进入双宾构式，如下面例句。

（2）a. 队友抢给我一个球。
b. 我借给他一千块钱。
c. 小李买给小王一个礼物。
d. 新娘捧给伴娘许多喜糖。
e. 妈妈烤给我一份披萨。

以上例句也可以按照语义特点归纳为三类。第一类为由"取得"类动词和"给"相组合构成"给予"类双宾构式。如上面的例句（2）a。第二类为由"租借"类动词和"交易"类动词跟"给"构成"给予"类双宾构式，如上面的例句（2）b和（2）c。第三类由其他类双宾动词构成"给予"类双宾构式。其中V_1的语义语用特点不固定，但语义语用特点不能满足双宾构式的要求，只有和"给"组合才能且只能进入"给予"类双宾构式，如上面的例句（2）d和（2）e。其他只能通过跟"给"组合才能进入"给予"类双宾构式的动词如"端、撒、投、丢、倒、扯、呈、现、抱、叼、汇、拨、运、划、剥、掏、包、抓、介绍"等。

分析以上例句我们可以发现"给予"类双宾构式的语义强制性显著增加。首先，某些语义语用特点明显不能和"给予"类双宾构式相容的动词可以进入构式。其次，某些语义语用特点予取不明的动词变得明确并可以进入构式。最后，某些语义语用特点和"给予"类双宾构式相悖的动词可以进入该构式。它们拥有一个共同点即"通过某行为可以取得保有权",这是跟"与"和"给"相组合产生给予意义传递的前提。如果动词本身的意义无论如何也不能理解成取得保有权时就绝不可能进入"给予"类双宾构式的,如"看""听""闻""尝"等。

三 "取得"类双宾构式的类推扩展与语义强制性

上一节我们已经对"给予"类进行了这方面的讨论,本小节我们对"取得"类进行讨论。类推是说者与听者在交际行为中创造新用例的一个重要机制。以构式为基础的语言结构是基于范例来表达的,特定的新用例会对整个构式的特点产生影响。因此语言的创新用法最终会对整个构式乃至整个语言系统产生影响。说者在判断具体的动词能否进入双宾构式时根据既有的作为范例存在的构式和可能纳入类推扩展范围的动词以及与动词相关的知识得出结论。即言语交际的参与者还会根据范例与类推目标之间共同的某些语义语用特点进行类推扩展,把新动词运用到已有构式中构成新构例。就"取得"类双宾构式而言最初的范例"获取"类拥有15个原始限制条件,每个原始限制条件对应了与之相关的语义语用特点。在交际中说者会根据某些动词(如动词"夺"和"买")与"获取"类构式拥有的共同语义语用特点(比如动作都朝向施动者,动作都蕴含空间位移,能导致物体空间位移,能产生所有权、保有权和使用权的转移)创造性地把这些动词使用到构式中。这是类推扩展的第一步,即说者使用新的用法。在这个过程中说者使用了听者从未听过的新用法从而导致听者用一个新的方式去分析解读,但又由于这个新的解读并不存在于原有的构式中,听者就会为这个用法创造性地设立一个新的位置,而这个新的位置就包含了新用法语境中的新信息即新的语义语用特点,动词在新的语义语用环境中也被赋予了新的语义语用特征。以"取得"类双宾构式为例动词"夺"和"买"的新用法对于听者而言是超出其经验之外的,不在其了解的"获取"类双宾构式知识范围内。于是听者就赋予新用法一个新的位置即一个不属于"获取"类的新语义类别"抢夺"义和"购买"义。这是类推扩展的第二步。之后,这些新用法经过重复使用固定下来,且动词出现在不同的语义语用环境中构成"夺"和"买"的微观构式,同时一个由微观构式构成的新的"抢夺"类和"购买"类中观 II 出现,至此一轮"取得"类中观 I 包含的中观 II 的类推扩展完成。进一步的类推扩展也会继续,如"窃、攘"等"夺取"类动词进入构式使如"抢夺"类这样的中观Ⅱ更加丰富。

"取得"类双宾构式在类推扩展过程中与范例拥有较多共同语义语用特点的动词较早纳入构式。根据表42和43进行分析，"取得"类最初的范例是由公元前13—前11世纪时的"获取"类中观Ⅱ构成具有15个原始限制条件。通过与最初的范例相比较，"抢夺"类消除了4个原始限制条件与最初的范例在其他11个原始限制条件及其对应的语义语用特点方面相同。"购买"类消除了4个限制条件与最初的范例在其他11个原始限制条件及其对应的语义语用特点方面相同。"诓骗"类消除了6个限制条件与最初的范例在其他9个原始限制条件及其相对应的语义语用特点方面相同。"扣留"类消除了8个原始限制条件与最初的范例在其他7个原始限制条件及其对应的语义语用特点方面相同。"租借"类消除了8个原始限制条件与最初的范例在其他7个原始限制条件及其对应的语义语用特点方面相同。"占据"类消除了7个原始限制条件与最初的范例在其他8个原始限制条件及其对应的语义语用特点方面是相同的。"吃喝"类消除了6个原始限制条件与最初的范例在其他9个原始限制条件及其对应的语义语用特点方面相同。"抓捕"类消除了7个原始限制条件与最初的范例在其他8个原始限制条件及对应的语义语用特点方面相同。根据以上分析与最初的范例相比我们发现其后出现的7个类别语义语用特点跟初始范例的相同的个数分别如下：公元前13—前11世纪出现作为最初的范例"获取"类拥有15个用限制条件代表的语义语用特点。公元前8—前2世纪的"抢夺"类11个、"购买"类11个。"抢夺"类和"购买"类两个类别与范例的共同点分别高于或等于其后公元7—13世纪出现的"诓骗"类9个。"诓骗"类又高于或等于最晚出现的"扣留"类7个、"租借"类7个、"占据"类8个、"吃喝"类9个、"抓捕"类8个。因此"取得"类双宾构式这一阶段的类推扩展体现了与"给予"类相同的规律，在类推扩展过程中与范例拥有较多共同的语义语用特点的动词较早纳入构式。

公元前8—前2世纪之后的演化以3个中观Ⅱ"获取"类、"抢夺"类和"购买"类为范例。因此要以此时范例拥有的原始限制条件作为对比分析的标准。根据表42与范例相比较"诓骗"类消除了8个原始限制条件与范例在其他7个原始限制条件及其对应的语义语用特点方面相同。"扣留"类消除了7个原始限制条件与范例在其他8个原始限制条件及其对应的语义语用特点方面相同。"租借"类消除了10个原始限制条件与范例在其他5个原始限制条件及其对应的语义语用特点方面相同。"占据"类消除了9个原始限制条件与范例在其他6个原始限制条件及其对应的语义语用特点方面相同。"吃喝"类消除了8个原始限制条件与范例在其他7个原始限制条件及其对应的语义语用特点方面相同。"抓捕"类消除了9个原始限制条件与范例在其他6个原始限制条件及其对应的语义语用特点方面相同。根据以上分析与范例相比较其后出现的5个中观II拥有相同语义语用特点的个数总结如下：7—13世纪出现的"诓骗"类7个，除小于"扣留"类（8个）外高于或等于其余全部在公元14—20世纪出现的其他类别，如"租借"类5个、"占据"类6个、"吃喝"类7个、"抓捕"类6个。"取得"类双宾构式这一阶段的类推扩展基本符合与范例拥有较多共同语义语用特点的动词较早纳入构式的规律。

与"给予"类双宾构式相同"取得"类双宾构式语义强制性的发展与类推扩展过程也是同步的。新构例以及低层级构式的纳入对整个构式的特点产生影响，同时构式的某些属性也被赋予了新构例和低层级构式。随着类推的进行构式次类逐渐扩展到与范例拥有相同语义语用特征较少的类别。在这个过程中语义强制性也会变得越来越明显。如"抢夺"和"购买"类的双宾动词语义本身就蕴含充当直接宾语和间接宾语的受事（转移物）和与事（转移物原所有者）的特征，因此它们经过类推扩展进入"取得"类双宾构式时就不需要构式赋予它们这些语义特征，与之相关的语义强制性就没有显现。而在其后的类推过程中如"诓骗类"动词在语义上只蕴含了有人物特征的受事，而不蕴含属于受事的转移物，"吃喝"类动词在语义上只蕴含了被转移到施事主语体内的受事，而不蕴含拥有受事的与事。当它们通过类推扩展进入"取得"类双宾构式时就会被赋予动词本身不拥有的语义语用特征，也就是上面所提到的属于受事的转移物和拥有受事的与事。总之无论动词本身的语义特点如何，只要通过类推扩展进入了"取得"类双宾构式就会获得该构式的语义语用特征。如果动词本身具有这些特征语义强制性就不会显现，如果动词本身不具有这些特征语义强制性就会较明显。

四 "教示"类双宾构式的类推扩展与语义强制性

"教示"类双宾构式也经历了从底层构式开始的基于语义语用相似性

的类推扩展，这个过程伴随着构式语义强制性的增加，之前对"给予"类和"取得"类双宾构式的讨论都证明了这一点。说者与听者在交际行为中通过基于范例的类推机制以及相关的知识进行类推扩展，创造出新用例并自下而上改变构式的面貌。根据本章第三节中表45"教示"类双宾构式最初的范例"告诉"类拥有15个限制条件，这些限制条件所代表的是一系列语义语用特点。在交际中说者会根据某些非"告诉"类动词（如动词"教"和"导"）与"告诉"类动词和构式拥有的共同语义语用特点（比如动词描述的是言语动作，动词描述的动作不都蕴含空间位移，动词描述的动作能产生信息所有权、保有权和使用权的转移等）创造性地把这些动词使用到"教示"类双宾构式中。这是类推扩展的第一步，说者创造性地使用新用法。由于"教示"类双宾构式中第一个"教授"类双宾动词的出现及其用例对于听者而言超出了其经验，即"教"或"导"构成的新用法及其特点并不存在于已有的"教示"类双宾构式中，不在听者了解的"教示"类双宾构式的知识范围内，导致听者用一个新的方式去分析解读并为这个用法创造性地设立一个新的位置"教授"义，而这个新的位置包含了新用法的语义语用特点。之后，新用法经过在交际中的重复使用固定下来，并类推产生其他类似的构例，如第六章第一节例句（3）a和（3）b，此时新的由微观构式构成的中观Ⅱ出现，一个类推扩展过程完成。

与"给予"和"取得"类双宾构式相同"教示"类双宾构式在类推扩展过程中与范例拥有较多共同语义语用特点的动词较早纳入构式。根据本章第三节中表45和表46，最初的范例是由公元前13—公元前11世纪时的"告诉"类中观Ⅱ构成具有15个原始限制条件。通过与原始范例相比较"教授"类消除了4个原始限制条件与最初的范例在其他11个原始限制条件及其对应的语义语用特点方面相同。"询问"类消除了6个原始限制条件与最初的范例在其他9个原始限制条件及其对应的语义语用特点方面相同。"应答"类消除了6个原始限制条件与最初的范例在其他9个原始限制条件及其对应的语义语用特点方面相同。"嘱咐"类消除了5个原始限制条件与最初的范例在其他10个原始限制条件及其对应的语义语用特点方面相同。根据以上分析最初的范例之后出现的4个中观Ⅱ与最初的范例拥有共同语义语用特点的个数总结如下：公元前13—前11世纪出现的最初的范例"告诉"类拥有15个以原始限制条件代表的语义语用特点。公元前8—前2世纪出现的"教授"类11个，与范例的语义语用共同点多于其后7—13世纪出现的三个类别"询问"类9个、"应答"类9个和"嘱咐"类10个。"教示"类双宾构式这一阶段的类推扩展体现了与"取得"和"给予"类双宾构式相同的规律，与范例拥有较多共同语义语用特点的动词较早纳入构式。

公元前8—前2世纪之后的演化则以已有的2个中观II"告诉"类和"教授"类为范例。由于7—13世纪以后"教示"类双宾构式中观I的成员已经固定至今没有增加，所以不能如之前一样进一步对比分析。但为了数据的完整性我们仍然以此时范例存在的原始限制条件作为依据进行考察。根据表45所示，与范例相比较"询问"类消除了2个原始个限制条件与范例在其他13个原始限制条件及其对应的语义语用特点方面相同。"应答"类消除了2个原始限制条件与范例在其他13个原始限制条件及其对应的语义语用特点方面相同。"嘱咐"类消除了1个原始限制条件与范例在其他14个原始限制条件及其对应的语义语用特点方面相同。由此可以看出这个时期语义语用扩展较小。

与"给予"和"取得"类双宾构式相同"教示"类双宾构式语义强制性增加的过程与类推扩展过程也是同步的。新的"教示"类构例以及低层级构式纳入"教示"类构式对整个构式产生影响，与此同时"教示"类构式的特点也被赋予了新的双宾动词和构式。随着类推的进行"教示"类中观I包含的中观II逐渐扩展到与范例拥有较少相同语义语用特点的类。在这个演化过程中语义强制性也变得越来越明显。如最早的"告诉"类中观II和其后出现的"教授"类中观II双宾动词本身就蕴含了可以充当直接宾语和间接宾语的受事（被传递的信息）和与事（信息的接收者）的语义特征，因此"教授"类双宾动词经过类推扩展进入"教示"类双宾构式时不需要构式赋予它们上述语义特征，所以与之相关的语义强制性就不会显现。而在其后的类推过程中，如"应答"类动词人物属性接受者的语义特征比较明显，而非人物属性的信息的语义特征不明显。当它们通过类推扩展进入"教示"类双宾构式时就会被赋予动词本身不具有的语义特征，即上面提到的人物属性的接受者和非人物属性的信息。由此可见无论动词本身的语义特点如何，只要通过类推扩展进入"教示"类双宾构式就会获得该构式的语义特征。如果动词本身具有这些特征语义强制性就不会显现，如果动词本身的这些特征不明显语义强制性就会显现出来。

五　"消除"类双宾构式的类推扩展与语义强制性

"消除"类双宾构式也经历了从底层构式开始的基于语义语用相似性的类推扩展，这个过程也伴随着构式语义强制性的增加。本小节探讨"消除"类双宾构式如何基于语义语用特点的相似性通过类推机制创造新用例并最终改变"消除"类构式的面貌。根据本章第三节中表 47 "消除"类双宾构式最初的范例"损毁"类拥有 15 个原始限制条件，这些原始限制条件对应的是一系列语义语用特点。在交际中说者会根据某些非"损毁"类的动词（如"消灭"义动词"亡"和"灭"）与"损毁"类动词拥有的共同语义语用特点（如动词描述的是非具体动作、非肢体动作、非言语动作，动词描述的动不作都不表示空间位移等等）创造性地把第一个非"消灭"义动词使用到"消除"类双宾构式中。这是类推扩展的第一步说者使用新的用法。由于第一个"消灭"义动词构成的新用法并不存在于原有"损毁"类双宾构式中，即动词"灭"和"亡"中较早出现的第一个新用法超出了听者的经验，不在其了解的最早出现的"损毁"类双宾构式的知识范围内，就会导致听者可能用一个新的方式去分析解读并为这个用法创造性地设立一个新的"损毁"义之外位置"消灭"义，而这个新位置包含了新用法的语义语用特点。之后，新用法在交际中重复使用固定下来，并类推产生其他"消灭"义构例，此时新的由微观构式构成的中观 II 出现，一个类推扩展过程完成。

与其他类别汉语双宾构式相同，"消除"类双宾构式在类推扩展的过程中与范例拥有较多共同语义语用特点的动词较早纳入构式。根据本章第三节表 48 和表 49 进行分析。最初的范例是由公元前 8—前 2 世纪时"损毁"类一个中观 II 构成，具有 15 个原始限制条件，这些原始限制条件对应了一系列语义语用特点。通过与最初的范例相比较"消灭"类消除了 3 个原始限制条件与最初的范例在其他 12 个原始限制条件及其对应的语义语用特点方面相同。"消耗"类消除了 3 个原始限制条件与最初的范例在其他 12 个原始限制条件及其对应的语义语用特点方面相同。"减免"类消除了 8 个原始限制条件与最初的范例在其他 7 个原始限制条件及其对应的语义语用特点方面相同。根据以上分析最初的范例之后出现的 3 个中观 II 与最初的范例拥有共同语义语用特点个数总结如下：公元前 8—前 2 世纪出现作为最初范例的"损毁"类中观 II 拥有 15 个原始限制条件代表的语义语用特点。公元前 8—前 2 世纪出现的"消灭"类 12 个①。"消灭"类分别高于和等于其后公元 7—13 世纪出现的两个类别"消耗"类的 12 个和"减免"类的 8 个。"消除"类双宾构式这一阶段的类推扩展基本体现了与其他三个中观 II 相同的规律，在类推扩展的过程中与范例拥有较多共同语义语用特点的动词较早纳入构式。

公元前 8—前 2 世纪之后的演化则以已存在的 2 个中观 II "损毁"类和"消除"类构成的范例。与"教示"类相似，第二个考察时期"消除"类双宾构式的类别已经固定且至今没有增加，所以不能如之前一样进行进一步的对比分析。同样为了数据完整性我们仍然以此时范例具有的原始限制条件作为标准进行考察。根据表 49 与范例相比较"消耗"类仅消除了 2 个原始限制条件与范例在其他 13 个原始限制条件及其对应的语义语用特点方面相同。"减免"类消除了 5 个原始限制条件与范例在其他 10 个原始限制条件及其对应的语义语用特点方面相同。

"消除"类中观 I 包含的中观 II 逐渐扩展到与范例相比较拥有相同语义语用特征较少的类别，但是在这个演化过程中语义强制性并没有明显增加。如"损毁"类和"消灭"类双宾动词本身语义上蕴含的非人物属性的受事（被消除的对象）语义特征就比较明显，而蕴含的人物属性的与事（受事的所有者）语义特点不明显。此后通过类推扩展进入"消除"类双宾构式的"消耗"类和"减免"类情况类似，也是蕴含的非人物属性的受事（被消除的对象）语义特征比较明显，而蕴含的人物属性的与事（受事的所有者）语义特点相对不太明显。可以看出语义语用类推扩展不剧烈的"消除"类中观 I 语义强制性也没有明显变化。这并没有违反无论动词本身的语义特点如何只要通过类推扩展进入了"教示"类双宾构式就会获得该构式的语义语用特征的判断。也并没有打破如果动词本身具有这些特征语义强制性就不会显现，如果动词本身的这些特征不明显的话，语义强制性就会使其显现出来的规律，同时我们认为语义强制性的增加与类推扩展的程度有关。

---

① 按照数据统计分析同时期存在的"消灭"类应晚于核心类别"损毁"类出现，因此也作为历时对比分析的一个成员。

第五节 汉语双宾构式演化中的原始限制条件

一 "给予"类双宾构式的原始限制条件

根据表39、表40和图34可以发现,"给予"类双宾构式的21个原始限制条件有些取消得较早,有些取消得较晚,还有的一直存在(即原始限制条件6"动词描述的动作能产生保有权转移到对方")。这说明这个原始限制条件与其他的相比限制程度较高且不可取消,因此"给予"类双宾构式的原始限制条件存在限制程度的差异。我们认为从限制程度上可以区分为两类,限制程度高且不可取消的限制条件6是具有中观I区别性的原始限制条件,它存在的意义是保持"给予"类中观I独立性的同时又保证构式包容性最大化。前文我们主要对"给予"类双宾构式从双宾动词的角度来分析,认为能够导致转移产生的动词才能进入构式,同时探讨了双宾动词蕴含的各种社会属性。如果从转移物的角度来分析,必须有可以被转移的事物,根据前文论述"给予"类双宾构式的转移过程存在"所有权""使用权""保有权"以及"处置权"的转移,四种不同类型的抽象转移物中只有"保有权"天然随物体的转移而转移。对于实物来讲"保有权"必须随实物的转移而转移,因为"保有权"附着与实物本身,其他权利则不然。对于非实物的转移来说,比如"给他一个机会"中的"一个机会",四种抽象转移的概念是四位一体同时转移的,所以"保有权"的转移也是必然的。也就是说,产生"保有权"的转移是"给予"类双宾构式成立的必要条件。因此,能够进入此类构式的动词必须能够导致"保有权"的转移。

"给予"类双宾构式的类推扩展和语义强制性增加都不会超出其中观I区别性的原始限制条件限定的范围。比如在"V与"和"V给"出现并固定后,"给予"类构式的类推扩展程度和语义强制性达到迄今最大。使原本位移方向不明确的动词确定位移方向,从而可以进入双宾构式。使位移方向与"给予"动词相反的动词改变位移方向,从而可以进入双宾构式。"保有权"的转移始终贯穿其中没有受到影响。根据上文分析,"给予"类中观I区别性的原始限制条件是这个构式成立的一个必要条件,是它区别于其他同层级构式的语义基础,一旦被消除构式存在的基础就会不复存在。无论何种类型的给予义转移过程"保有权"必定附着于被转移物被转移到目的地处。

二 "取得"类双宾构式的原始限制条件

根据表42、表43和图35的分析我们发现"取得"类双宾构式15个原始限制条件中也有些取消得较早，有些取消得较晚，还有一个一直存在（原始限制条件6"动词描述的动作能产生保有权转移到己处"）。这个限制条件与其他限制条件相比较限制程度上较高，迄今为止存在时间最长且不可取消。所以"取得"类双宾构式的原始限制条件也存在限制程度的差异。我们认为不可取消的限制条件6为"取得"类中观I区别性的原始限制条件，它存在的意义是保持"取得"双宾构式独立性的同时又保证其构式包容性最大化。前文我们也主要从动词的角度进行讨论，发现能够导致转移过程产生的动词才能进入"取得"类双宾构式，从转移物的角度来分析则是必须有可以被转移的事物。根据第七章第三节的论述"取得"类双宾构式的转移过程存在"所有权""使用权"和"保有权"的区别，其中只有"保有权"是天然的随事物的转移而转移（与"给予"类相同，见本节第一部分分析）。因此对于"取得"类双宾构式来讲，产生"保有权"的转移是其构式成立的必要条件，所有能够进入"取得"类中观I的动词必须能够导致"保有权"的转移。

"取得"双宾构式的类推扩展和语义强制性增加也都不会超出其中观I区别性的原始限制条件的范围。"取得"类双宾构式的演化主要为语义语用类推导致的构式二维循环扩展，在这个过程中新成员与范例语义语用共同点是类推扩展的基础。这些语义语用特点在历时演化过程中以原始限制条件的形式出现。本书归纳了15个"取得"类原始限制条件，这15个原始限制条件在演化过程中不断消失，构式语义越来越丰富，语义强制性不断加强。在这些限制条件中"保有权转移到己处"始终存在，是"取得"类中观I区别性的原始限制条件。这个原始限制条件是"取得"类构式成立的一个必要条件，是区别于其他同层级构式的语义基础，无论何种类型的取得转移过程，"保有权"必定附着于被转移物转移到施动者处。

三 "教示"类双宾构式的原始限制条件

根据表45、表46和图36，在15个"教示"类双宾构式原始限制条件中有些取消得较早（比如第10条至第13条），有些取消得较晚（比如第14条和第15条），还有的则一直存在（第1条至第9条）。但是并未像"给予"类和"取得"类消除到仅保留一条原始限制条件。虽然如此我们仍然可以发现"教示"类双宾构式原始限制条件存在限制等级的差异。至今仍未取消的9条原始限制条件为"教示"类中观Ⅰ区别性的原始限制条件，它们的作用是保持"教示"双宾构式独立性的同时又保证构式包容性最大化。从动词的角度来分析能够导致信息转移的动词才能进入"教示"类双宾构式，而从转移物的角度来分析必须有可以被转移的事物。我们在本章第三节的讨论借鉴了"给予"类和"取得"类中观Ⅰ的分析，在原始限制条件的设定上也区分了"所有权""使用权"和"保有权"的转移。但是最终我们发现"教示"类中观Ⅰ没有消除这些原始限制，这说明"教示"类双宾构式原始限制条件的消除具有自己的特点，这些特点来源于直接宾语（被转移物）的语义语用特点所有"教示"类双宾构式的被转移物都是非实物的信息，信息的传递又具有一个很重要的特点把信息传递给接受者往往不会导致施动者失去信息。因此，间接宾语（信息）的属性导致其传递过程使其"所有权""使用权"和"保有权"所处的主体出现扩展而非替换。

"教示"类类推扩展和语义强制性的增加也不会超出其中观Ⅰ区别性的原始限制条件的范围。"教示"类双宾构式的演化同样是语义语用类推导致的构式的二维循环扩展。在这个过程中新成员与范例的语义语用的共同点是类推扩展的基础。这些语义语用特点在历时演化过程中以进入构式的原始限制条件的形式表现出来。我们给"教示"类归纳了15个原始限制条件，这15个原始限制条件在演化过程中不断消失，但是"教示"类中观Ⅱ的类推扩展程度较低，使其中观Ⅰ区别性的原始限制条件数目仍然较多。

四 "消除"类双宾构式的原始条件

根据表48、表49和图37的分析我们发现在15个"消除"类中观Ⅰ构式原始限制条件中有些取消得较早（比如第7条、第8条和第11条），有些取消得较晚（比如第9条、第10条、第12条、第13条和第14条），还有的则一直存在（如第1条至第6条和第15条）。"消除"类中观Ⅰ也没有像"给予"类和"取得"类一样取消到仅保留一条原始限制条件，而与"教示"类比较类似。但是我们仍可以发现"消除"类中观I的原始限制条件也存在限制等级差异。限制程度高且不可取消的7条原始限制条件为"消除"类中观I区别性的原始限制条件,它们存在的意义是保持构式独立性的同时又保证构式包容性的最大化。从动词的角度来分析能够导致消除结果产生的动词才能进入"消除"类双宾构式,而从被消除物的角度来分析必须有可以被消除的事物。我们在本章第三节中也借鉴"给予"类和"取得"类中观I的分析,从语义特点方面设定相关原始限制条件评价"所有权""使用权"和"保有权"是否消失。而且我们发现"消除"类中观I经过类推扩展消除了全部这3个条件,这与其构式最初的范例蕴含的相关语义特点有关,即"损毁"类中观II及其动词本身不牵涉转移,而是牵涉到直接宾语及其价值与间接宾语附着关系的消除。分析至此可以看出,在语义语用扩展的程度上来讲"消除"类与"教示"类比较接近,扩展都不剧烈,但是在具体原始限制条件消除特点上又与"教示"类、"给予"类和"取得"类有所区别。

"消除"类双宾构式类推扩展和语义强制性的增加也不会超出其中观I区别性的原始限制条件的范围。与其他所有中观I相同,"消除"类双宾构式中观I的演化同样是语义语用类推导致的构式二维循环扩展。在这个过程中新成员与范例之间的语义语用的共同点是类推扩展的基础。这些语义语用特点在历时演化的过程中以动词进入构式原始限制条件的形式出现,本书归纳了15个"消除"类原始限制条件,这15个原始限制条件在演化过程中不断消失,但是"消除"类中观I的类推扩展程度也较低使其中观I区别性的原始限制条件数目仍然较多。

第六节 本章结论

根据本章对"给予"类、"取得"类、"教示"类和"消除"类汉语双宾构式4个中观I的研究得出以下结论。

汉语双宾构式的发展演化是一个构式包容性和图式性程度二维循环扩展的过程。在这个过程中,构式对进入其中动词的限制逐步放宽,进入该构式的双宾动词所蕴含的语义语用特点不断扩展,动作性变得更加具体,如从一般性的动作到具体性的动作,从主要表达具有空间意义的肢体动作到表达复杂的包含非空间意义的言语行为动作，从表达实物空间转移到表达抽象概念转移，双宾动词蕴含的社会关系方面的属性变得更明显。语义语用类推扩展与语义强制性增加同时进行，新的构例和低层级构式形成，对整个构式的特点产生影响，从另一方面讲，构式的特点被赋予新构例和低层级构式。无论动词本身的语义特点如何，只要通过类推扩展进入了汉语双宾构式就会获得该构式的语义语用特征。如果动词本身具有这些特征，与之相关的语义强制性就不显现，如果动词不具有这些特征构式的语义强制性就会显现。类推扩展和语义强制性的增加不会超出构式区别性的原始限制条件，即潜在的汉语双宾动词的语义语用扩展和汉语类双宾构式语义强制性的增加都不能超出区别性的原始限制条件的范围。

"给予"类、"取得"类、"教示"类和"消除"类的类推扩展除具有上述统一的规律外还有各自的特点。有的类别在演化中与动词本身动作属性相关的语义语用特点扩展比较显著，如"取得"类，有的类别在演化中与动词相关的其他具有社会关系属性的语义语用特点扩展比较显著，如"教示"类和"消除"类，有的类别在演化中与动词本身动作属性相关的语义语用特点扩展和与动词相关的其他具有社会关系属性的语义语用特点扩展大致相当，如"给予"类。

"给予"类和"取得"类中观 I 在演化过程中通过类推扩展不断消除掉原始限制条件，最终仅剩 1 条最重要的中观 I 区别性的原始限制条件。但是"教示"类和"消除"到现代汉语中还有多条中观 I 区别性的原始限制条件。本书认为其原因是"消除"类和"教示"类相同语义语用扩展程度较低，且与各自构式包含的语义语用特点相关。

第八章

结论及余论

我们在考察了汉语双宾构式"给予"类、"取得"类、"教示"类和"消除"类四个中观 I 历时演化的基础上,探讨了它们演化的特点和规律。我们的研究发现它们的历时演化既有共同点也有不同之处。本章将对它们的演化规律进行总结分析并得出结论。然后,参照特劳戈特和特劳斯代尔(2013)和彭睿(2013)等相关文献探讨完全图式性构式演化的普遍规律。最后我们对未涉及的相关问题进行简要地阐述并对将来的研究进行展望。如,"为动"类、"使动"类、"与动"类和"处置"类等汉语双宾构式中观 I 在历时演化过程中出现过后来又消失。我们认为它们的消失是汉语语法历时演化过程中出现的系统性消失,不能反映汉语双宾构式自身的演化特点,所以本书不予讨论。除此以外汉语双宾构式的演化有显著的扩展趋势。

第一节 结 论

根据特劳戈特和特劳斯代尔(2013)构式化是指构式形式意义组配的根本性变化,会产生新的构式。构式演化包括前构式化演化和后构式化演化,是指构式某些特征的变化,不涉及新的构式产生。

一 汉语双宾构式的后构式化演化

特劳戈特和特劳斯代尔(2013:27,113-116)认为图式性构式一般只表示抽象的关系或过程意义,因此在演化中构式的组合(同构项)会大量增加,这些增加的新组合就是判定构式会产生新类型和构式具有扩展性的事实依据。后构式化演化是自下而上的,一般都会包含同构项的扩展和句法环境的扩展，构式类的扩展一般属于后构式化演化。如 a lot of 一开始只与 people 这样的集体名词组合，后来扩展到其他不同类别的名词，如抽象名词 time 和 power。另外，作者还认为可能会出现形态和语音的削减。例如在微观构式层面英语 a lot of 的在经历了同构项的扩展后出现了语音的削减 That's allota ducks。我们讨论的四个中观 I 类推扩展都自下而上始于微观层面的构例。组成构式的核心动词语义类别持续扩展，以双宾动词为代表的不同类别的低层级构式不断出现。但它们并未出现语音和形态的削减，我们认为这与汉语双宾构式的完全图式性的形式特点有关，完全以符号表达的构式的各个部分没有固定的语音形式，因此不会涉及语音的削减。

特劳戈特和特劳斯代尔（2013）通过对 way-construction 的回顾总结认为语法性的构式化会出现能产性（productivity）、图式性程度（schematicity）的增加和语义合成性（compositionality）的减少。虽然作者得出的是构式化的特点，但我们的研究发现"给予"类、"取得"类、"教示"类和"消除"类四个中观 I 的后构式化演化也符合这个特点。构式次类的扩展以双宾动词的语义特征为脉络，对动词进入构式的限制都逐渐减少，可以进入的动词语义类不断增加，也就是能产性增加。"给予"类双宾构式演化初期构式及其双宾动词语义类别较少，只有三个。历时演化中语义类别不断增加，又出现了"委托""归还""酬谢""帮助""V 与""售卖""租借""补偿"和"分派"九类。"取得"类双宾构式演化初期构式只包含一个"获取"类，仅表示转移过程动词内涵少且不是具体的动作。历时演化中语义类别不断增加，出现了"抢夺""购买""诓骗""吃喝""占据""抓捕""扣留"和"租借"八个类。"教示"类和"消除"类也出现了类似的能产性增加，具体见第六章相关内容。

构式层级的复杂程度和图式性程度与构式包含语义类的多少直接相关。语义别越来越丰富，构式层级结构就变得越来越复杂，表达构式的图式所代表的意义就越抽象，图式性程度也就越来越高。如"给予"类双宾构式演化初期包含"给"类、"奖赏"类和"奉献"三个中观 I，层级结构归纳起来比较简单，图式所代表的语义内涵就比较少也比较实在，图式性的程度就比较低。随着越来越多的中观 I（最终扩展到 13 个）和更低层级的构式不断进入，层级结构也变复杂，图式囊括的语义内涵越来越庞杂，抽象程度即图式性程度就越来越高。"取得"类、"教示"类和

"消除"类也有类似的特点。

语义合成性是指构式各组成部分的意义和构式整体意义之间的关系。特劳戈特和特劳斯代尔（2013：19）参考了阿尔比布（Arbib）（2012）的研究，认为语言从来都不具有完全的语义合成性，所谓的语义合成性是指某种结构的句子通常都包含指向整体意义的线索。作者以英语条件句 *If you're late, you won't be served.* 为例指出英语使用者在学习此类条件句时，还必须学习看起来和它非常相似却有不同理解的句子，如 *If you're Betty Ford right now, you're probably thinking, you know, I hope everybody's OK*。句中听话人和 *Betty Ford* 没有条件句中的统一性，属于条件句的语义合成性就减少了。这样我们可以看出作者认为习用化的构式也具有语义合成性，而与之相似的扩展的用法则使原来的语义合成性削弱或消失。我们的研究发现，在汉语双宾构式的语义语用扩展过程中，随着概括能力的增加构式的语义合成性也减少了。例如，最初的"给予"类包含实物空间转移的意义，随着类推扩展的进行转移物从实物（如祭品、猪、马等）扩展到非实物（责任、权利等），转移过程也变得没有空间特点。汉语双宾构式的类推扩展使构式还可以表示非典型的转移如"消除"类中观 I。这样，与构式最初语义相关的语义合成性就消弱了。

我们的研究发现能产性、图式性程度的增加和语义合成性的减少并非构式化所独有的特点，完全图式性构式的后构式化演化也具有这些特点。

汉语双宾构式中观 II 总体的演化过程有一定相似性。如扩展过程都是始于局部（local）[①] 的二维循环扩展。比如甲骨文时期"给予"类中观 I 包含了三个中观 II "给"类、"奖赏"类和"奉献"类。类推扩展使更多不同语义类的动词进入构式产生新的中观 II。每个新中观 II 的出现和发展都始于由新动词构成的构例和微观构式，之后继续类推扩展到相似的语义语用环境中使构式的包容性不断增加。新微观构式的形成使构式的层级结构进一步复杂化，图式性程度随之增加。图式性程度增加限制条件减少的构式作为一个整体充当下一步演化的基础。这种二维循环扩展的规律是完全图式性构式历时演化的普遍规律。春秋战国时期"消除"类中观 I 只包含"消灭"类和"损毁"类两个中观 II，唐宋时期增加的"消耗"类中观 II 应始于"消耗"类动词"耗"或"费"的新用法（构例）及其微

[①] Local 的概念借鉴自拜比（2010），具体见下一小节分析。

观构式，之后进一步类推扩展到邻近的语义语用环境中构成更多的微观构式（如近代汉语中"花、糟蹋、花费"等新用法及其微观构式），构式的包容性就不断增加。构式的类推扩展以新类别与范例类别之间共同的语义语用特点为基础，与范例具有更多语义语用特点的类别先纳入构式，但在较具体的方面存在差异。

二 汉语双宾构式后构式化演化的内部差异

根据前我们的考察分析，不同中观I语义语用扩展的具体特点也有一些差别。如，"取得"类双宾构式在扩展过程中沿着动词动作性方面语义脉络的特点比较显著。以其中观II为例，演化初期"获取"类仅表示转移过程，动词内涵少。新增小类一般在表示转移的基础上还蕴含了更具体的行为动作语义语用特点。如后来出现的"抢夺"类蕴含了强力的行为动作意义，"吃喝"类蕴含了具体的"摄食"动作意义，"占据"类和"抓捕"类蕴含了行为动作的强力暴力特性。蕴含的各种社会关系的语义语用特点也有所增加。如"租借"类的特点是以施动主语和间接宾语之间的契约为基础，即"公平交易或许诺归还"。相比之下其他三个类别的双宾构式在扩展中蕴含的社会属性关系含义则比较显著。以"给予"类包含的中观II为例，最早出现的"给"类仅表示转移过程，动词内涵少且不是具体的动作。后来出现的"奖赏"类和"奉献"类只突出了施动者和接受者的社会地位高低。"委托"类表示施动者的目的是得到接受者的帮助。"归还"类表示被转移物原本的所有权是属于接受者的。"酬谢"类蕴含了施动者实施给予行为的原因和目的是得到了某种帮助而感谢接受者。"帮助"类蕴含了接受者处于困境之中的内涵，也是给予行为的原因。"售卖"类和"租借"类蕴含了公平交易和或许诺归还的前提条件。"补偿"类蕴含了施动者实施给予行为的原因是接受者受损或所需存在差额。"分派"类蕴含了施动者对转移物的实际所有权或占有权，给予行为是以此为条件而产生的。新增小类增加的语义特点主要是更加明确细致的社会属性的关系，表示具体行为动作的意义则增加不明显。

四个中观I的扩展程度也是有差异的，有些扩展比较显著有些则不然。如"给予"和"取得"类中观I通过类推扩展分别产生了13个和9个中观II，而"教示"和"消除"类中观I则只分别产生5个和4个中观II。"给予"类双宾构式还出现了比较独特的演化——"与"和"给"的演化替换和由其导致的更大规模的类推扩展。

类推扩展的基础是共同的语义语用特点，不同的双宾构式次类具有不同的语义语用特点，这也使动词经过类推扩展进入不同类别双宾构式的过程和原始限制条件的消除也具有不同的特点。如核心动词的动作性特点在"取得"类中观 I 类推扩展的过程中比较显著，所涉及并消除的相关原始限制条件就比较多。"教示"类和"消除"类中观 I 则不同，核心动词的动作性特点在类推扩展的过程中没那么明显，所涉及并消除的相关原始限制条件就比较少。

第二节 余论

一 相似性与类推扩展

（一）基于相似性的类推扩展

拜比（2010）对类推扩展和相似性的问题做了详细的论证，认为类推是扩展的机制。这份研究认为构式是由可以改变的组块构成，它包含图式性的空位，这些空位由已经范畴化的成类别的项目填充。作者还认为语言拥有一种用新的词项、短语以及其他构式填充构式图式性空位并使它出现扩展的能力，这也是语言创造性和能产性的重要来源。语言能创造和产生新用法，这个过程与使用者正在使用并存储在大脑中的一系列实例相关。这些实例就是范例。基于已有的范例，在现存构式的图式性空位中使用新的项目与类推相关。一系列研究都支持这一观点①。类推的实现非常依赖新用法与既有项之间的具体相似性，而不是普遍的符号化的抽象规则。拜比（2010）对西班牙语语料库进行调查，基于语义相似性的类推对完全图式性构式 become-verb+adjective（意义为"进入某状态"）进行了讨论。其中最固定的组合如：② *ponerse nervioso*（to get nervous）、*quedarse solo*（to end up alone）、*quedarse sorprendido*（to be surprised）。由

---

① 如斯考森（Skousen）（1989），爱丁顿（Eddington）（2000），巴艾昂（Baayen）（2003），博厄斯（2003），克劳特（Krott）、巴艾昂和施鲁德（Schreuder）（2001），拜比和爱丁顿（2006），转引自拜比（2010：57）。

② 以下例子来为西班牙语，作者转引自拜比和爱丁顿（2006）。

于和 *quedarse solo*（出现了 28 次）存在语义方面的相似性而类推扩展产生的新组合如 *quedarse aislado*（to be isolated），但是这种用法只出现了 1 到 2 次。以 *quedarse sorprendido* 为中心，也有一些基于语义相似性类推得到的新用法，如 *quedarse asombrado*（to become amazed）。再如 *ponerse* 通常跟 *nervioso*（nervous）组合，但是仍然可以经过类推扩展跟与 *nervioso* 语义具有相似性的形容词搭配，如 *ponerse pálido*（to become pale）。

拜比（2010：57）认为对特定的已经建立的构式来讲，新用法用于构式中的可能性是渐变的，可能性的大小取决于它和构式既有用法存在相似性的多少。这是因为类推扩展不以高度概括的抽象特征为依据，而是基于跟既有固定表达蕴含的具体的局部（local）语义相似性。作者发现一个动词可以与语义不同类的形容词组合，如 *quedarse* 可以与语义为"单独"（alone）的一些词组合，也可以与语义为"出人意料"（surprised）的一些词相组合。这是因为语义类不同并不会阻断局部相似性在类推扩展中发挥作用。作者还发现固定且频率较高的用法是类推扩展产生新用法的重要条件。

本书第七章第四节对四个中观 I 的讨论发现，在汉语双宾构式四个中观 I 的类推扩展都有一个规律：与作为范例的构式拥有相同语义语用含义较多的动词较早纳入构式，按照相似性的多少渐次进入构式。以"取得"类中观 I 为例，最初的范例是公元前 13—前 11 世纪时的"获取"类中观 II，公元前 8—前 2 世纪出现了"抢夺"类和"购买"类中观 II，它们和范例具有的语义语用共同点高于或等于其后公元 7—13 世纪出现的"诓骗"类。"诓骗"类又高于最晚出现的"扣留"类、"租借"类、"占据"类和"吃喝"类。公元前 8—前 2 世纪之后存在 3 个中观 II "获取"类、"抢夺"类和"购买"类构成的范例。7—13 世纪出现的"诓骗"类与范例拥有的语义语用共同点基本高于其余全部在 14—20 世纪出现的"租借"类、"占据"类和"吃喝"类。其他三个中观 I "给予"类、"教示"类和"消除"类的情形也基本符合这个规律。

因此，我们的考察分析从历时的角度支持了拜比（2010）的观点。

（二）局部相似性与类推扩展

我们的研究发现相似性在类推扩展中扮演了极其重要的角色，但相似性并不一定导致类推也不等于类推。根特纳（Gentner）和马克曼（Markman）（1997）对儿童生活中涉及的事物相似性和类推事件进行了实验分析。实验数据显示在人的认知中相似性和类推之间的差异是一个连续统①。相似性和类推都牵涉两个相关结构的对比校准，区别是类推主要涉及关系性判断的比较，而相似性则主要涉及事物客观属性的比较。我们认为语言中的类推也存在类似现象。拜比（2010）认为新用法用于构式中的可能性及其可接受度取决于它和构式既有用法存在相似性的多少，简单来讲类推取决于相似性。这是因为类推和相似性从根本上存在密切的联系。构式的形式是确定的，内部成员也存在关系的一致性，这种一致性随着层级的增高而变得越来越抽象，层级越低的构式关系一致性就越具体。这种关系的一致性对于类推的实现至关重要。

拜比（2010）认为语言一定有许多高度抽象化的结构，它们都是经过历时演化从局部和特定的结构中产生并获得增长，低层级构式之间存在的局部语义特点的相似性是演化发展的另一个重要的因素。类推作为一个演化机制推动了构式演化从局部到整体从特殊到一般的过程。因此我们认为产生相似性的相关知识和结构的一致性是新用法用于构式的先决条件。② 新用法与已有的固定用法对比中存在的相似性即是相关知识中的关键部分，在我们的研究中对应的就是第七章第四节中讨论的新用法与范例之间存在的用原始限制条件来代表的共同的语义语用特点。

二 原始限制条件限制影响范围的不平衡性

第七章的讨论根据不同中观 I 的语义特点设定了不同的原始限制条件来考察它们具体的演化特点。我们发现它们的演化特点既有共同之处也有不同之处。不同点主要体现在具体的演化特点和原始限制条件消除的特点两个方面。我们还发现不同的原始限制条件也存在限制程度的差别。有些限制条件的功能是用于区别汉语双宾构式和汉语语言系统中其他宏观构式（如，核心动词后连续出现两个宾语，动词后的名词不能允当除宾语外的其他句法成分，动词导致直接宾语和间接宾语之间的固有关系出现变化），有些限制条件的功能则是用于区别不同中观 I，如"教示"类区别

---

① 参考了拜比（2010），转引自根特纳和马克曼（1997：48）。现实世界里类推和相似性中的对比存在关系判断相似性（relational similarity）和属性相似性（attribute similarity）两种。我们认为语言中的类推也有类似的现象。

② 拜比（2010）转引了博厄斯（2003），根特纳和马克曼（1997）同样的观点，我们也赞同这个看法。

于其他三个同层级次类的原始限制条件（动词描述的动作能导致信息所处主体出现变化，能导致信息保有权出现变化，能导致信息所有权出现变化，能导致信息使用权出现变化）。更低层级的构式之间也具有区别于其他同层级构式的原始限制条件，限于篇幅不作具体探讨。

根据第七章对"给予"类、"取得"类、"教示"类和"消除"类原始限制条件消除过程的讨论我们发现其中存在差异性。其中"给予"类、"取得"类两个中观Ⅰ经过类推扩展最终得到4条核心的原始限制条件。①

构式的演化是从新用法开始的自下而上的变化，当某些特征从较高层级的构式中已经可以被感知时就说明这种类推变扩展的程度较高原始限制条件消除较多，形成了规模较大的构式次类。"给予"类中观Ⅰ和"取得"类中观Ⅰ的类推扩展程度就比较高，构式次类规模较大，取消的原始限制条件数量较多也较彻底，因此能够从图式性程度较高的中观Ⅰ构式的层面显现出来的原始限制条件就比较少。从另一个方面来讲如果一个中观Ⅰ的类推扩展程度较低，原始限制条件存在的就比较多，而且，还可能存在某些原始限制条件的消除仍处于进行状态，具体表现是这样的原始限制条件的消除仅在低层级的构例或微观构式中显现，还没有延伸至中观构式的程度，因此不能形成可感知的构式类别。下面我们就从这个方面对"教示"类和"消除"类中观Ⅰ进行分析探讨。

（二）"教示"类和"消除"类的原始限制条件

通过考察对比我们发现"教示"类和"消除"类中观Ⅰ没有像"给予"类、"取得"类中观Ⅰ那样出现大规模语义语用扩展。

尤其是"教示"类，它的演化即使从最低层级的构式（构例和微观构式）来分析，到了现代汉语中也没有出现很大语义语用扩展，构式次类的数目较小（只有5个中观Ⅱ）且比较稳定，其原始限制条件从近代汉语至今一直保持11条。"消除"类的情形稍微复杂一些，根据第六章的考察和第七章的归纳分析"消除"类到了14—20世纪的近代汉语中仍然保留着10条原始限制条件。但是当我们对现代汉语中的"消除"类微观构式和构例进行更细致地分析时发现，虽然"消除"类中观Ⅰ包含的中观Ⅱ数量已经稳定了较长的一段历史时期，且在现代汉语中也没有变化，但

---

① 本章的讨论都包括汉语双宾构式与其他宏观构式进行区别的3个原始限制条件，因此在讨论原始限制条件数目的时候都会加上3条汉语双宾构式与取他宏观构式之间区别性的原始限制条件。

是在微观构式和构例层级还是出现了语义语用扩展，并且有在较高层级不能感知的原始限制条件消除。根据第六章附表（表35：现代汉语"消除"类双宾动词表），"损毁"类中观 II 包含的微观构式语义语用含义比之前历史时期增多，如下面例句：

(1) 他不小心踢碎了邻居家一个花盆。
(2) 小王谈砸了公司三笔生意。
(3) 弗格森曝亲手搅黄曼城一笔交易。

例（1）的双宾动词"踢碎"中的"踢"描述了一个具体的肢体动作，在例句中表示的行为动作既有方向性又有空间位移的特点。对例（1）和由"踢碎"构成的微观构式进行语义语用分析会发现，第七章表48中的3个原始限制条件（"动词描述的是非具体的动作""动词描述的是非肢体动作""动词描述的动作不表示空间位移"）被消除了。同理，例句（2）中的双宾动词"谈砸"中的"谈"描述了一个典型的言语动作，例句（3）中的双宾动词"搅黄"中的"搅"在句子中虽然描述的是一个比较复杂的一系列动作，但也蕴含了言语行为的意义。对这两个句子以及由"谈砸"和"搅黄"构成的微观构式进行语义语用分析，会发现第七章表48中的限制条件"动词描述的是非言语动作"被消除了。例句（3）中的施动者"弗格森"为了己方的利益实施各种行为使间接宾语的交易泡汤，其中更加强调的是间接宾语受损的评价，因此限制条件"动作较强调客观的损益对比意义"就被消除了。至此，我们可以发现"消除"类中观 I 的原始限制条件也只剩下 5 个。我们发现有些"消除"类中观 I 的原始限制条件在现代汉语中可以在通过对构例和微观构式的分析显现出来。[1] 我们发现此类双宾动词全部都是"动结"式的复合词，这应该与近代汉语以来动补结构以及动结式的成熟并大量使用有关。[2] 这种变化使原本表示具体动作意义的动词成为新动词的核心部分，在原本承载的语义语用特点没有减少的基础上增加了满足构式要求的特点。

---

[1] 其他类似的双宾动词还有：踢破、踢毁、踢瘸、踢烂、打死、踢碎、撞坏、撞烂、撞倒、撞断、压坏、压烂、压碎、败坏、损害、损坏、破坏、砸烂、砸坏、砸破、砸碎、压断、轧断、搅黄等。

[2] 见石毓智（2002）、梁银峰（2003，2006）等相关研究。

这样，我们发现四个中观 I 类推扩展到现代汉语为止在原始限制条件的消除方面具有下面一系列的特点。三个宏观构式的原始限制条件始终存在不可消除。不同中观 I 原始限制条件消除的程度各不相同。"取得"和"给予"类的原始限制条件非常简洁且都在较高的中观构式 I 中显现。"消除"类的原始限制条件也已经很简洁，但是只有通过对具体的微观构式进行分析才可以获得。"教示"类的原始限制条件则依然较多。

由此可知在完全图式性构式类推扩展的过程中原始限制条件具有简化的趋势，即趋向于消除到仅保留最核心的原始限制条件。原始限制条件内部也存在限制范围的差异，最核心的限制条件限制范围广地位最重要不可消除，其他限制条件则只限制中低层级的构式，在演化过程中容易被消除。

三 后构式化演化中准入能力的不平衡性

完全图式性构式的演化是包容性和图式性程度的二维循环扩展，包容性和图式性程度的扩展体现了构式的准入（sanction）能力增加[①]。

特劳戈特和特劳斯代尔（2013：44）认为构式在语言网络中互相链接，图式性程度较高的构式比图式性程度较低的构式具有更强的准入能力。图式性程度越高的构式就越容易出现泛化现象，因此图式性程度高的构式次类也就越倾向于具有更多的变体。在完全图式性的构式中构式的核心类别[②]语义类更加丰富图式性程度较高，具有更强的准入能力，扩展的就比较快。非核心类别则语义类较少图式性程度较低，准入能力较低，扩展的就会比较慢。"获取"类中观 II 是"取得"类中观 I 的核心类别（见第七章第三节相关论述）。它是"取得"类双宾构式出现最早的成员，出现后中观 II 数目不断增加，在现代汉语中达到 9 个。"取得"类双宾构式形成后"获取"类包含的常用的微观构式数目一直是各成员中最多的。其他中观 II 出现较晚且微观构式数目较少。如近代汉语才出现的"扣留"类中观 II 仅有 5 个常用微观构式，远远小于"获取"类的 22 个。从更高层级的构式来讲，如"给予"类中观 I 是汉语双宾构式的核心类别（见

[①] Sanction（准入）概念的使用借鉴了兰盖克（2008）、特劳戈特和特劳斯代尔（2013）和布伦达（Brenda）（2014）等。

[②] 核心语义类别指的是共时层面存在时间最久且规模最大的类，如现代汉语中双宾构式的"给予"类，现代汉语"取得"类中观 I 的"获取"类。

第三章第一节论述），是出现最早的之一，准入能力最强。在现代汉语中已经包含了 13 个中观 II 规模最大。而"教示"类和"消除"类中观 I 准入能力较小，在现代汉语中仅分别具有 5 个和 4 个中观 II。根据第三章的考察，在现代汉语双宾构式中还有一些规模更小的中观 II，如"施加""致使"和"掉落"等，它们都只包含一个中观 II，可以进入构式的双宾动词的数量也很有限。出现这种现象是因为"给予"类中观 I 的准入能力明显高于其他几个中观 I，这使其类推扩展的程度也更高。这说明汉语双宾构式的演化过程中同层级的构式之间，存在因准入能力不同导致的类推扩展的不平衡性。

彭睿（2013）的研究反映出汉语溯因兼语构式具有相同特点。如历时演化的结果使其中的"批评"和"情感"类构式最庞大，而"欺骗"类则规模很小。这也佐证了我们的观点，说明完全图式性构式历时演化的这种不平衡性具有一定的普遍性。

四　小结

通过以上分析我们发现汉语双宾构式的演化是一个语义语用类推机制下的二维循环扩展过程。这个统一的趋势下又具有一些不平衡性。在这个过程中宏观构式不同类型中观 I 的类推扩展具有不平衡性。构式的扩展会受到原始限制条件的约束，原始限制条件中又存在限制程度的差异。不同的中观构式在类推扩展的过程中原始限制条件的消除有快有慢，共时层面保留的原始限制条件有多有少，具有不平衡性。构式类推扩展的结果显示构式的准入能力也具有不平衡性。

第三节　本书的贡献及未充分讨论的问题

一　主要贡献

本研究的主要贡献之一是，我们的研究是最早运用历时构式语法理论尤其是特劳戈特和特劳斯代尔（2013）构式化理论的相关理论方法分析汉语相关问题的研究之一。构式化理论对语言演变研究的价值在于，这个理论在语言的使用网络（usage-based network）中进行研究，这就可以在构式不同图式性程度的层级中研究变化如何发生，是对语言演变复杂属性的一次重新思考。同时这个理论还基于构式的框架对既有的历时语言学理论进行思考，如语法化理论和词汇化理论。本书不仅运用了相关的理论方法，而且关注了完全图式性构式的历时演化，这是构式化理论及其相关历时构式语法理论所未充分讨论的，是对其有益的补充。其次，我们全面的鸟瞰了作为完全图式性的构式——汉语双宾构式的历时演化过程，是最早从构式的角度探讨其历时演化的研究之一。我们的研究发现了一些历时演化的特点和规律，如不同中观构式的演化在拥有二维循环扩展共同特点的同时又遵循不同的语义脉络，局部的语义语用相似性是类推扩展发生的条件等。

二 未充分讨论的问题

特劳戈特和特劳斯代尔（2013）[①] 认为构式化理论是一次理论探索，有可争论之处，也已经收到不同观点的探讨。我们的研究有一些未涉及和未解决的问题，原因之一是由于这个理论仍处于探索阶段，有所限制。如构式演化的普遍规律是什么，完全图式性构式、半图式性构式以及实体性构式演化的异同，等等。我们还认为，本书第七章对语义强制性的探讨也不够充分，并没有明确语义强制性的性质是什么，只是更倾向于把语义的强制性看成类推扩展的结果，是一种现象。

另外，受篇幅所限我们的研究未能逐一对所有汉语双宾构式类别进行历时演化探讨。也没有讨论历时演化中消失的双宾构式的问题，如"使动"类、"为动"类等曾在古代汉语中出现，也经历了可观的类推扩展，曾经具有相当的规模。主要原因是本书的研究要尽量在一个可控的范围内尽可能全面地讨论汉双宾构式的演化过程。而上述类别的出现演化及消失都涉及可以与汉语双宾构式相并列的其他宏观构式的历时演化。如"使动"类双宾构式的演化就涉及使动构式在历时上的类推扩展演化及最终衰落消失的过程。虽然特劳戈特和特劳斯代尔（2013）中也有后构式化演化可能会出现衰落消失现象的相关论述，但这仍然是一个与我们的研究角度和理论依据都有很大差异的课题。因此我们没有进行相关讨论。

本书也没有涉及方言中双宾构式的相关问题。汉语方言千差万别，从词汇到语法都有很大的不同，并且汉语方言双宾构式的研究本身就是一个

[①] 本小节上述内容我们借鉴了特劳戈特和特劳斯代尔（2013）对自己著作的评价。

规模很大的课题，需要进行大规模的细致的方言语料收集和调查。因此，鉴于我们的研究角度和研究方法，以及研究体量和容量等客观因素，没有进行相关讨论。

上述未涉及和未解决的问题是我们进一步研究的目标和课题。我们将会在以后的研究中对相关课题进行探讨。

中文参考文献

著作

北京大学中文系：《现代汉语虚词例释》，商务印书馆1982年版。

陈昌来：《现代汉语动词的句法语义属性研究》，学林出版社2002年版。

陈年福：《甲骨文动词词汇研究》，巴蜀书社2001年版。

程湘清：《魏晋南北朝汉语研究》，山东教育出版社1992年版。

邓思颖：《汉语方言语法的参数理论》，北京大学出版社2003年版。

丁声树：《现代汉语语法讲话》，商务印书馆1961年版。

董秀芳：《词汇化：汉语双音词的衍生和发展》，四川民族出版社2002年版。

范晓：《汉语的句子类型》，书海出版社1998年版。

高更生：《汉语语法专题研究》，山东教育出版社1990年版。

管燮初：《〈左转〉句法研究》，安徽教育出版社1994年版。

郭沫若：《甲骨文合集》，中华书局1982年版。

郭万青：《〈国语〉动词管窥》，四川大学出版社2008年版。

何乐士：《〈史记〉语法特点研究》，商务印书馆2005年版。

黄伯荣：《汉语方言语法类编》，青岛出版社1996年版。

黄伯荣、廖序东：《现代汉语》，高等教育出版社1991年版。

黄征、张涌泉：《敦煌变文校注》，中华书局1997年版。

蒋礼鸿：《敦煌变文字义通释》，上海古籍出版社1981年版。

黎锦熙：《新著国语文法》，商务印书馆1955年版。

李如龙、张双庆：《动词谓语句》，暨南大学出版社1997年版。

李学勤、齐文心、艾兰：《英国所藏甲骨集》，中华书局1992年版。

李佐丰：《古代汉语语法学》，商务印书馆2004年版。

李佐丰：《上古汉语语法研究》，北京广播学院出版社2003年版。

廖振佑：《古代汉语特殊语法》，内蒙古人民出版社1979年版。

刘坚、蒋绍愚：《近代汉语语法资料汇编宋代卷》，商务印书馆1992年版。

刘坚、蒋绍愚：《近代汉语语法资料汇编唐五代卷》，商务印书馆1990年版。

刘坚、蒋绍愚：《近代汉语语法资料汇编元代明代卷》，商务印书馆1995年版。

陆俭明：《现代汉语句法论》，商务印书馆1993年版。

陆俭明、沈阳：《汉语和汉语研究十五讲》，北京大学出版社2003年版。

吕叔湘：《现代汉语八百词》，商务印书馆1999年版。

吕叔湘：《中国文法要略》，商务印书馆1982年版。

马建忠：《马氏文通》，商务印书馆1983年版。

孟琮：《动词用法词典》，上海辞书出版社1987年版。

孟世凯：《甲骨学辞典》，上海人民出版社2009年版。

潘秋平：《上古汉语与格句式研究》，商务印书馆2015年版。

钱乃荣：《北部吴语研究》，上海大学出版社2003年版。

沈培：《殷墟甲骨卜辞语序研究》，文津出版社1992年版。

石毓智、李讷：《汉语语法化的历程》，北京大学出版社2001年版。

时兵：《上古汉语双及物结构研究》，安徽大学出版社2007年版。

王力：《古代汉语》，中华书局1999年版。

王力：《汉语史稿》，中华书局2004年版。

王力等：《古汉语常用字字典》，商务印书馆1979年版。

魏德胜：《〈睡虎地秦墓竹简〉语法研究》，首都师范大学出版社2000年版。

向熹：《简明汉语史》（下），高等教育出版社1993年版。

项梦冰：《连城客家话语法研究》，语文出版社1997年版。

邢福义：《汉语语法学》，东北师范大学出版社1996年版。

徐德宽：《现代汉语双宾语构造研究》，上海辞书出版社2004年版。

徐杰：《汉语研究的类型学视角》，北京语言大学出版社2005年版。

徐中舒：《甲骨文字典》，四川辞书出版社1989年版。

严家炎、袁行霈:《缀玉集》,北京大学出版社1990年版。
杨伯峻、何乐士:《古汉语语法及其发展》,语文出版社1992年版。
喻遂生:《甲金文字语言研究论集》,巴蜀书社2002年版。
张斌:《现代汉语短语》,华东师范大学出版社2000年版。
张美兰:《汉语双宾语结构句法及其历时研究》,清华大学出版社2014年版。
张美兰:《祖堂集语法研究》,商务印书馆2003年版。
张猛:《〈左传〉谓语动词研究》,语文出版社2003年版。
张玉金:《甲骨文语法学》,学林出版社2001年版。
张玉金:《西周汉语语法研究》,商务印书馆2004年版。
赵诚:《甲骨文简明词典》,中华书局1988年版。
赵元任:《汉语口语语法》,商务印书馆1979年版。
朱德熙:《现代汉语语法研究》,商务印书馆1980年版。
朱德熙:《语法讲义》,商务印书馆1982年版。

论文

贝罗贝:《古汉语中的"动"之"名"结构》,郭锡良主编《古汉语语法论集》,语文出版社1998年版。
贝罗贝:《双宾语结构从汉代至唐代的历史发展》,《中国语文》1986年第3期。
陈昌来:《论语义结构中的与事》,《语文研究》1998年第2期。
陈莉:《关于〈训世评话〉的授予动词"给"兼及版本问题》,《中国语文》2004年第2期。
陈莉琴:《赤壁方言双宾句及相关问题研究》,硕士学位论文,首都师范大学,2009年。
陈淑梅:《汉语方言里一种带虚词的特殊双宾句式》,《中国语文》2001年第5期。
储泽祥:《动宾短语和"服从原则"》,《世界汉语教学》1996年第3期。
丁璇:《现代汉语双宾构式"S+V给+O_1+O_2"研究》,硕士学位论文,辽宁师范大学,2014年。
丁桢藁:《古汉语"动+之+名"式的结构分析》,郭锡良主编《古汉语语法论集》，语文出版社 1998 年版。

范晓：《交接动词及其构成的句式》，《语言教学与研究》1986 年第 3 期。

高丹：《给予双宾语句探讨》，硕士学位论文，东北师范大学，2005 年。

高媛媛：《近代汉语双宾语结构研究》，硕士学位论文，华南师范大学，2003 年。

古川裕：《谈现象句与双宾语句的认知特点》，《汉语学习》1997 年第 1 期。

顾阳：《双宾语结构》，徐烈炯编《共性与个性：汉语语言学中的争议》，北京语言文化大学出版社 1999 年版。

管燮初：《殷墟甲骨刻辞中的双宾语问题》，《中国语文》1986 年第 5 期。

郭凤花：《甲骨文谓宾动词研究》，硕士学位论文，西南师范大学，2003 年。

郭继慈：《领主属宾句》，《中国语文》1990 年第 1 期。

韩丹：《认知视角下的双宾句式生成研究》，博士学位论文，复旦大学，2008 年。

何洪峰：《〈金瓶梅〉中的"V 与"式双宾结构》，《武汉教育学院学报》1993 年第 2 期。

何洪峰：《〈金瓶梅〉中的单动双宾结构》，《古汉语研究》1997 年第 3 期。

何乐士：《从〈左传〉和〈史记〉的比较看〈史记〉的动补式》，《东岳论丛》1984 年第 4 期。

何乐士：《汉语句法结构上的一个重大变化——从〈左传〉、〈史记〉的比较看介宾短语位置的前移》，《古汉语语法研究论文集》，商务印书馆 2000 年版。

贾燕子：《甲骨文祭祀动词的三宾语句和双宾语句》，《乐山师范学院学报》2009 年第 24 卷第 10 期。

贾燕子：《甲骨文祭祀动词句型研究》，硕士学位论文，西南师范大学，2003 年。

江蓝生：《汉语连—介词的来源及其语法化的路径和类型》，《中国语文》2012 年第 4 期。

姜汉椿：《谈〈左传〉的双宾语句》，《华东师范大学学报》1990 年第 6 期。

蒋绍愚：《汉语动结式产生的时代》，《汉语词汇语法史论文集》，商务印务馆 2000 年版。

李来兴：《宋元话本动词语法研究》，博士学位论文，复旦大学，2010 年。

李临定：《动词的宾语和结构的宾语》，《语言教学与研究》1984 年第 3 期。

李临定：《双宾句类型分析》，《语法研究和探索（二）》，北京大学出版社 1984 年版。

李炜：《〈史记〉饮食动词分析》，《古汉语研究》1994 年第 2 期。

李炜：《从〈红楼梦〉〈儿女英雄传〉看"给"对"与"的取代》，《兰州大学学报》2002 年第 4 期。

李宇明：《领属关系与双宾句分析》，《语言教学与研究》1996 年第 3 期。

梁春妮：《春秋战国铭文句法研究》，硕士学位论文，华东师范大学，2010 年。

梁银峰：《"V+了+O"格式来源的再探讨——兼论事态助词"了"的来源》，《语言研究集刊》2006 年第 3 辑。

梁银峰：《"啄雌鸽杀"的"杀"是表结果的不及物动词吗?》，《中国语文》2003 年第 2 期。

廖名春、陈慧：《清华简〈保训〉篇解读》，《中国哲学史》2010 年第 3 期。

廖振佑：《先秦书面语的双宾语动词类型》，郭锡良主编《古代汉语语法论集》，语文出版社 1998 年版。

林素娥：《汉语南方方言倒置双宾语结构初探》，《语言科学》2008 年第 3 期。

刘丹青：《汉语给予类双及物结构的类型学考察》，《中国语文》2001 年第 5 期。

刘海平：《〈史记〉语序研究》，博士学位论文，华中科技大学，2009 年。

刘利民:《双及物构式的"零给予"和"负给予"问题分析》,《外语教学与研究》2009年第1期。

刘乃仲:《〈关于"打碎了他四个杯子"与约束原则〉一文的几点疑问》,《中国语文》2001年第6期。

刘宋川:《两汉时期的双宾语结构》,《湖北大学学报》(哲学社会科学版)2001年第5期。

刘宋川:《先秦双宾语结构考察》,《湖北大学学报》(哲学社会科学版)1998年第4期。

刘宋川:《先秦双宾语结构考察》,郭锡良主编《古汉语语法论集》,语文出版社1998年版。

刘宋川:《先秦双宾语结构的分类》,《中南民族学院学报》(哲学社会科学版)1999年第4期。

刘正中:《甲骨文非祭祀动词配价初步研究》,硕士学位论文,广州大学,2011年。

卢建:《影响予夺不明双宾句语义理解的因素》,《中国语文》2003年第5期。

陆俭明:《再谈"吃了他三个苹果"一类结构的性质》,《中国语文》2002年第4期。

陆仁昌:《关于双宾语句式的几个问题》,《安徽师范大学学报》(哲学社会科学版)1982年第2期。

马庆株:《动词的直接配价和间接配价》,袁毓林、郭锐主编《现代汉语配价语法研究》,北京大学出版社1998年版。

马庆株:《现代汉语的双宾语构造》,北京大学中文系《语言学论丛》编委会编《语言学论丛(十)》,商务印书馆1983年版。

满在江:《生成语法理论和汉语双宾语结构》,《现代外语》2003年第3期。

满在江:《与双宾语结构形同质异的两类结构》,《语言科学》2004年第3期。

孟庆海:《动词+处所宾语》,《中国语文》1986年第4期。

潘秋平:《从构式语法看上古汉语的双宾结构:一个初步的探讨》,《中国语言学集刊》2007年第1卷第2期。

彭睿:《关于图式性构式历时扩展的理论思考》,《语言教学与研究》

2019年第2期。

彭睿：《临界频率和非临界频率：频率和语法化关系的重新审视》，《中国语文》2011年第1期。

彭睿：《同构项变化的方式及其在语法化中的角色》，《语言科学》2017年第16卷第2期。

彭睿：《语法化·历时构式语法·构式化：历时形态句法理论方法的演进》，《语言教学与研究》2016年第2期。

邵永海：《从〈左传〉和〈史记〉看上古汉语的双宾语结构及其发展》，严家炎、袁行霈等主编《缀玉集》，北京大学出版社1990年版。

沈春晖：《周金文中之"双宾语句式"》，《燕京学报》1936年第20期。

沈家煊：《"在"字句和"给"字句》，《中国语文》1999年第2期。

沈家煊：《句式和配价》，《中国语文》2000年第4期。

沈家煊：《说"偷"和"抢"》，《语言教学与研究》2000年第1期。

沈家煊：《转指和转喻》，《当代语言学》1999年第1期。

沈阳：《词义吸收、词形合并和汉语双宾结构的句法构造》，《世界汉语教学》2009年第23卷第2期。

石琳：《三国佛经中的双宾句式》，硕士学位论文，四川大学，2005年。

石毓智：《汉英双宾结构差别的概念化原因》，《外语教学与研究》2004年第2期。

石毓智：《汉语发展史上的双音化趋势和动补结构的诞生——语音变化对语法发展的影响》，《语言研究》2002年第1期。

时兵：《古汉语双宾结构研究：殷商至西汉年代相关地下语料的描写》，博士学位论文，安徽大学，2002年。

时兵：《古汉语双宾句再认识》，《安徽大学学报》（哲学社会科学版）1999年第23卷第6期。

宋文辉：《上古汉语双及物句式的类型学特征与演变机制》，《广西师范大学学报》（哲学社会科学版）2010年第1期。

宋文辉：《现代汉语两类双及物动结式的配位方式》，《世界汉语教学》2006年第4期。

孙叶林：《湖南湘语双及物结构S+V+O直+O间》，《现代语文》（语言研究版）2008 年第 2 期。

孙叶林：《邵阳方言双宾句研究》，硕士学位论文，湖南师范大学，2004 年。

汪国胜：《大冶方言的双宾句》，《语言研究》2000 年第 3 期。

汪化云：《黄冈方言中的类双宾句》，《黄冈师范学院学报》2003 年第 1 期。

王浩然：《古汉语单音同义词双音化问题初探》，《河南大学学报》1994 年第 3 期。

王晓凌：《说带虚指"他"的双及物式》，《语言教学与研究》2008 年第 3 期。

吴福祥：《汉语伴随介词语法化的类型学研究——兼论 SVO 型语言中伴随介词的两种演化模式》，《中国语文》2003 年第 1 期。

吴为善：《双音化、语法化和韵律词的再分析》，《汉语学习》2003 年第 2 期。

相银歌：《先秦同义连用现象研究》，硕士学位论文，四川大学，2007 年。

相宇剑：《〈左传〉双宾语句研究》，硕士学位论文，暨南大学，2003 年。

萧红：《也说中古双宾语结构的形式与发展》，《古汉语研究》1999 年第 1 期。

邢福义：《从研究成果看方言学者笔下双宾语的描写》，《语言研究》2008 年第 3 期。

徐丹：《关于给予式的历史发展——读贝罗贝著〈汉语历时语法——公元前 14 世纪至公元 18 世纪给予式的演变〉》，《中国语文》1990 年第 3 期。

徐德宽、周统权：《双宾语的选择限制》，《语言研究》2008 年第 1 期。

徐杰：《"打碎了他四个杯子"与约束原则》，《中国语文》1999 年第 3 期。

徐杰：《语义上的同指关系与句法上的双宾语句式——兼复刘乃仲先生》，《中国语文》2004 年第 4 期。

徐志林：《汉语双宾句式的历史发展及相关问题研究》，博士学位论文，中山大学，2008年。

徐志林：《近90年来汉语双宾句式研究述评》，《广东教育学院学报》2010年第1期。

延俊荣：《双宾句研究述评》，《语文研究》2002年第4期。

杨宁：《三价动词及其句型》，硕士学位论文，复旦大学，1986年。

张伯江：《现代汉语的双及物结构式》，《中国语文》1999年第3期。

张国宪：《制约夺事成分句位实现的语义因素》，《中国语文》2001年第6期。

张国宪、周国光：《索取动词的配价研究》，《汉语学习》1997年第2期。

张建：《广义索取类双宾句的类别及其典型性》，《汉语学报》2007年第3期。

张建：《现代汉语双宾句的典型性研究》，博士学位论文，华中师范大学，2007年。

张军、王述峰：《试论古代汉语双宾语句》，《辽宁大学学报》（哲学社会科学版）1986年第3期。

张美兰：《〈训世评话〉中的授予动词"给"》，《中国语文》2002年第3期。

张美兰、刘宝霞：《西周金文双宾语》，《中国文字研究》2011年第14辑。

张敏：《汉语方言双及物结构南北差异的成因：类型学研究引发的新问题》，《中国语言学集刊》2011年第4卷第2期。

张宁：《汉语双宾语句结构分析》，陆俭明主编《面临新世纪挑战的现代汉语语法研究》，山东教育出版社2000年版。

张炜：《带谓词性远宾语的双宾句研究》，硕士学位论文，上海师范大学，2010年。

张文：《汉语双宾句历时演变及相关结构问题研究》，博士学位论文，北京大学，2013年。

张先坦：《古汉语双宾动词与双宾语位置关系初探》，《山西师范大学学报》（社会科学版）2004年第1期。

张勇：《甲骨文取予类动词研究》，硕士学位论文，西南大学，2010年。

郑继娥：《殷墟甲骨卜辞祭祀动词的语法结构及其语义结构》，博士学位论文，四川大学，2004 年。

郑绍林：《甲骨刻辞若干句法问题研究》，硕士学位论文，华东师范大学，2010 年。

周迟明：《汉语双宾语句的语法现象和历史发展 a》，《山东大学学报》1964 年第 1 期。

周迟明：《汉语双宾语句的语法现象和历史发展 b》，《山东大学学报》1964 年第 2 期。

朱诚：《同义连用浅论》，《古汉语研究》1990 年第 4 期。

朱德熙：《与动词"给"相关的句法问题》，《方言》1979 年第 2 期。

英文参考文献

Books

Boas, H. C., *A Constructional Approach to Resultatives* (*Stanford Monographs in Linguistics*), Stanford, CA: CSLI Publications, 2003.

Boas, H. C. and Sag, I. A., *Sign-Based Construction Grammar*, Stanford, CA: CSLI Publications, 2012.

Brenda, M., *The Cognitive Perspective on the Polysemy of the English Spatial Preposition Over*, Cambridge: Cambridge Scholars Publishing, 2014.

Burt, M. K., *From Deep to Surface Structure: An Introduetion to Transformational Syntax*, New York: Harper and Row, 1971.

Bybee, J., *Language, Usage and Cognition*, Cambridge: Cambridge University Press, 2010.

Bybee, J., Perkins and Paliuca., *The Evolution of Grammar: Tense, Aspects, and Modality in the Language of the World*, Chicago: University of Chicago Press, 1994.

Chomsky, N., *Syntactic Struetures*, The Hague: Mouton, 1957.

Croft, W., *Radical Construction Grammar: Syntactic Theory in Typological Perspective*, Oxford: Oxford University Press, 2001.

Croft, W.and Crused, D. A., *Cognitive Linguistics*, Cambridge: Cambridge University Press, 2004.

Fries, C. C., *The Structure of English: An Introduction to the Construction of English Sentences*, London: Longmans, Green and Co., 1957.

Givón, T., *English grammar: A Function-based Introduction*, Amsterdamand Philadelphia: John Benjamins, 1993.

Givón, T., *On Understanding Grammar*, New York: Academic Press,

1979.

Givón, T., *Syntax: A Functional Typological Introduction*, Vol. I-II.

Goldberg, A. E., *Constructions at Work: The Nature of Generalization in Language*, Goldberg, A. E., *Constructions: A Construction Grammar Approach to Argument Structure*, Chicago: University of Chicago Press, 1995.

Hudson, R. A., *Language Networks: The New Word Grammar*, Oxford: Oxford University Press, 2007.

Jespersen, O., *A Modern English Grammar on Historical Principles. Part III, Syntax*, Vol. II, Heidelberg: Carl Winter, 1927.

Lakoff, G., *Women, Fire and Dangerous Things. What Categories Reveal about the Mind*, Chicago: University of Chicago Press, 1987.

Langacker, R. W., *Cognitive Grammar: A Basic Introduction*, Oxford: Oxford University Press, 2008.

Langacker, R. W., *Foundations of Cognitive Grammar, Vol. I: Descriptive Application*, Stanford: Stanford University Press, 1991.

Langacker, R. W., *Foundations of Cognitive Grammar, Vol. I: Theoretical Prerequisites*, Stanford: Stanford University Press, 1987.

Oxford: Oxford University Press, 2006.

Ozón, G., *Alternating Ditransitives in English: A Corpus-Based Study*, Doctoral dissertation, University College London, 2009.

Quirk, R., Greenbaum, S., Leech, G. and Svartvik, J., *A Comprehensive Grammar of the English Language*, London: Longman, 1985.

Skousen, R., *Analogical Modeling of Language*, Dordrecht: Kluwer, 1989.

Traugott, E. C. and Trausdale, G., *Constructionalization and Constructional Changes*, Oxford: Oxford University Press, 2013.

Visser, F. T., *An Historical Syntax of the English Language*, Leiden: Brill, 1963.

Articles

Arbib, M. A., Compositionality and Beyond: Embodied Meaning in Language and Protolanguage, In Werning, Hinzen and Machery (eds.), *The Oxford Handbook of Compositionality*, New York: Oxford University Press,

2012.

Baayen, H., Probabilistic Approaches to Morphology. In R. Bod, J. Hay and S Jannedy (eds.), *Probability theory in linguistics*, Cambridge, MA: MIT Press, 2003.

Bybee, J. and Eddington, D., A Usage-based Approach to Spanish Verbs of "becoming", *Language* 82, 2006.

Bybee, J., From Usage to Grammar: The Minds Response to Repetition, *Language* 82, 2006.

Bybee, J. and McClelland, J. L., Alternatives to The Combinatorial Paradigm of Linguistic Theory Based on Domain General Principles of Human Cognition, *The Linguistic Review* 22, 2005.

Bybee, J. L., Cognitive processes in grammaticalization, In M. Tomaselo (eds.), *The New Psychology of Language Vol. 2: Cognitive and Functional App roaches to Language Structure*, Mahwah, NJ: Erlbaum, 2003.

Bybee, J. L., Language universals and usage-based theory, In M. H. Christiansen, C. Collins, and S. Edelman (eds.), *Language universals*, Oxford: Oxford University Press, 2009b.

Bybee, J. L., Usage-based Theory and Exemplar Representations of Constructions, In Hoffmann, T. and Trousdale, G. (eds.), *The Oxford Handbook of Construction Grammar*, Oxford: Oxford University Press, 2013.

Colleman, T., The Semantic Range of The Dutch Double Object Construction: A Collostructional Perspective, *Constructions and Frames* 1 (2), 2009.

Cuervo, M. C., Double Objects in Spanish as a Second Language: Acquisition of Morphosyntax and Semantics, *Studies in Second Language Acquisition* 29, 2007.

Diewald, G., Context Types in Grammaticalization as Constructions. *Constructions* SV1-9, 2006. http://elanguage.net/journals/index.php/constructions/article/viewFile/24/29 (Accessed: May 22nd 2013).

Eddington, D., Stress Assignment in Spanish within the Analogical Modeling of Language, *Language* 76: 2000.

Fillmore, C., Kay, P., and O'Connor, M., Regularity and Idiomaticity in Grammatical Constructions: The Case of 'Let Alone', *Language* 64

(3), 1988.

Gentner, D. and Markman, A., Structure mapping in analogy and similarity, *American Psychologist*, 52 (1), 1997.

Goldberg, A. E., and Suttle., L., Construction Grammar, *Wiley Interdisciplinary Reviews; Cognitive Science* 1, 2009.

Goldberg, A. E., Explanation and Constructions: Response to Adger, *Mind and Language*, 28 (4), 2013.

Goldberg, A. E., Verbs, Frames and Constructions. In M. R. Hovav, E. Doron and I. Sichel (eds.), *Syntax, Lexical Semantics and Event Structure*, Oxford: Oxford University Press, 2010.

Gries, S. Th. and Stefanowitsch, A, Co-varying Collexemes in The Into-causative. In Achard, M. and Kemmer, S. (eds.), *Language, Culture, and Mind*. Stanford, CA: CSLI. 2004b.

Heine, B., Grammaticalization. In Joseph, B. and Janda, R. (eds.), *The Handbook of Historical Linguistics*, Oxford: Blackwell, 2003.

Himmelmann, P., Lexicalization and Grammarticalization: Opposite or Orthogonal? In Bisang, Himmelmann and Wiemer (eds.), *What Makes Grammaticalization: A Look From Its Fringes and Components*, Berlin/New York: Mouton de Gruyter, 2004.

Hudson, R., Double Objects, Grammatical Relations and Proto-Roles, *UCL Working Papers in Linguistics* 3, 1991.

Hudson, R., So-called 'Double Object's and Grammatical Relations, *Language* 68, 1992.

Israel, The Way Constructions Grow. In Adele E. Goldberg (ed.), *Conceptual Structure, Discourse and Language*, Stanford: Center for the Study of Language and Information, 1996.

Jackendoff, R., On Larson's Treatment of the Double Object Construction, *Linguistic Inquiry* 21 (3), 1990.

Kay, P. and Fillmore. C., Grammatical Constructions and Linguistic Gener-alizations: the What's X doing Y? Construction., *Language* 75, 1999.

Krott, A., Baayen, H. and Schreuder, R. Analogy in Morphology: Modeling the Choice of Linking Morphemes in Dutch. *Linguistics* 39 (1): 2001.

Langacker, R. W., Construction grammars: Cognitive, Radical, and Less So. In Ruiz de Mendoza Ibáñez, Francisco J. and M. Sandra Peña Cervel (eds.), *Cognitive Linguistics: Internal Dynamics and Interdisciplinary Interaction*, Berlin/New York: Mouton de Gruyter, 2005.

Larson, R., Double Objects Revisited: Reply to Jackendoff, *Linguistic Inquiry* 21 (4), 1990.

Larson, R., On the Double Object Construction, *Linguistic Inquiry* 19 (3), 1988.

Lehmann, C., Word Order Change by Grammaticalization. In Gerritsen and Stein (eds.), *Internal and External Factors in Syntactic Change*, Berlin/New York: Mouton de Gruyter, 1992.

Noël, D., Diachronic Construction Grammar and Grammaticalization Theory, *Functions of Language* 14, 2007.

Peng Rui, A Diachronic Construction Grammar Account of the Chinese Cause-complement Pivotal Construction, *Language Science* 40, 2013.

Pierrehumbert, J., Exemplar Dynamics: Word Frequency, lenition and Contrast, In Bybee and Hopper (eds.) *Frequency and The Tmergence of Linguistic Structure*, Amsterdam: John Benjamins, 2001.

Rissanen, M., Syntax, In Lass, R. (ed.), *The Cambridge History of the English Language*, Vol. III, CUP: Cambridge, 2000.

Traugott, E.C., The Grammaticalization of NP of NP Patterns, In Bergs, A. and Diewald, G. (eds.), *Constructions and Language Change*, Trends in English: Studies and Monographs 194, Berlin/New York: Mouton de Gruyter, 2008a.

Traugott, E. C., Variation, Grammaticalization, Constructions and the Incremental Development of Language: Suggestions from the Development of Degree Modifiers in English, In Eckardt, R., Jager, G. and Veenstra, T. (eds.), *Variation, Slection, Development: Probing the Evolutionary Model of Language Change*, Trends in English: Studies and Monographs 197, Berlin/New York: Mouton de Gruyter, 2008b.

Trausdale, G., Constructions in Grammaticalization and Lexicalization: Evidence from the History of a Composite Predicate Construction in English. In Trausdale, G., Gisborne, N. (eds.), *Constructional Approaches to English*

Grammar, Topics in English Linguistics 57, Berlin/New York: Mouton de Gruyter, 2008.

Trousdale and Norde, M., Degrammaticalization and Constructionalization: Two Case Studies, *Language Science* 36, 2013.

Trousdale, G., Grammaticalization, Constructions and the Grammaticalization of Constructions, In Davidse, K., Tine, B., Lieselotte, B. and Tanja, M. (eds.), *In Grammaticalization and Language Change: New reflections*, Amsterdam/Philadelphia: John Benjamins, 2012a.

Trousdale, G., Theory and Data in Diachronic Construction Grammar: The Case of the What with Construction, *Studies in Language* 36 (3), 2012b.

Vennemann, T. J., Topics, Subjects, and Word Order: From SXV to SVX via TVX, In Anderson, J. M. and Jones, C. (eds.), *Historical Linguistics* I, North-Holland: Amsterdam, 1974.

Voorspoels, W., Vanpaemel, W., and Storms, G., Exemplars and Prototypes in Natural Language Concepts: A Typicality-based Evaluation, *Psychonomic Bulletin and Review* 15 (3), 2008.

Wedel, A. Exemplar Models, Evolution and Language Change, *The Linguistic Review* 23 (3): 2006.

Wiemer, B. and Bisang, W., What Makes Grammaticalization? An Appraisal of Its Components and Its Fringes. In Bisang, W., Himmelmann, P. and Wiemer, B. (eds.), *What Makes Grammaticalization-A Look From Its Fringes and Its Components*, Berlin/New York: Mouton de Gruyter, 2004.

Ziv, Y. and Sheintuch, G., Indirect Objects Reconsidered, *Chicago Linguistic Society* 15, 1979.

后　记

　　回忆起来，我的求学生涯中遇到了许许多多让我感恩的人，让我感怀的事。

　　首先感谢我的妻子张宁，感谢她在我还是个一文不名的硕士生的时候就愿意嫁给我，并且在我读博期间陪伴我，给我以无微不至的照顾，归国踏上工作岗位之后依然如此，我虽心中有愧，但又感到莫大的幸福，得妻如此，此生无憾！也要感谢我的爸爸、妈妈、岳父、岳母一直以来对我和我们这个小家庭的爱护和帮助，在生活中的各个方面都给予了我们极大的支持。

　　2008年我从河南大学本科毕业后在母校继续读研究生，遇到了我的两位导师，张宝胜教授和陈庆汉教授。两位老师性格迥异，张老师雷厉风行、讲话直截了当但又不失风趣幽默，对学生的要求、指导都是关照学生最大、最迫切的需求，陈老师讲话和蔼可亲，工作认真负责，尤其在论文撰写方面对学生要求极其严格，从文章的框架内容到语言表达乃至标点符号，各个方面存在的问题都会一一指出。我的这两位导师都在我的学业上给予了巨大的帮助。在此期间我有幸听了当时受聘于河大担任黄河学者的徐杰教授的两门转换生成语法课程，以及受聘于河南大学的李宗江教授的语法化课程，得到了徐老师和李老师的无私教诲和指导，使我开阔了眼界，坚定了从事语言学研究的决心。后来，在我申请新加坡国立大学的过程中得到了徐老师的全程指导和大力推荐，出国读博士实为我人生的转捩点，因此心中一直把自己看作徐老师的私淑弟子。

　　2011年8月，我有幸得到新加坡国立大学提供的全额奖学金资助，来到美丽的狮城求学，拜入彭睿教授门下，开始了我四年又八个月的博士求学生涯。彭老师是公认的谦谦君子，治学严谨，对学生的要求既细致又严格。记得每次投会议论文时，彭老师都会专门帮我修改会议用PPt并约时间讨论。印象最深刻的就是每周一次跟彭老师上一对一的独立课程，老师总是会从关心我日常生活的话题开始，进而讨论学业和专业问题，这个习惯在独立课程结束后一直延续到博士学位论文基本完成，这样的交流模式让我感到既如沐春风又收获满满。无论是学业还是生活方面，彭老师都会替学生着想，能跟随彭老师读博士是我一生的幸运。现在我踏上工作岗位已四年有余，也开始指导研究生，在和学生交流时，不自觉地也承袭了老师的这些习惯。也要感谢我的另一位导师石毓智教授，石老师幽默的语言、广博的知识，在研究中敏锐的洞察力和从不同学科的角度进行观察的思维给了我莫大的启迪。还要特别感谢我的答辩委员会成员徐杰教授和潘秋平教授，感谢他们给我提出的宝贵建议和对我的鼓励，让我对自己既不失信心又时刻保持清醒。读博期间也曾遭遇波折，幸有恩师的加持、亲友的相助、国大和国大中文系的包容，要感谢的人很多，于我有传道授业之恩的李子玲教授、徐政教授，我的师姐张恒博士、吴雅云博士、师弟韩诚忠博士，同窗好友杨黎黎博士、郑武曦博士、韩鑫博士、周洋博士等，在此一并谢过。

2016年我回到阔别五年的母校河南大学任教，就职于国际汉学院，受到了学院领导和前辈老师们的真诚关怀、指导和提携，快速成长为一名能站得住讲台的大学教师。今夏我调至河南大学文学院，与教授过我诸多课程的老师们成为同事，倍感荣幸，同时也十分感谢文学院在此次我出版人生第一部著作时给予的资助。

有人说一旦有了追求，光阴就荏苒了，岁月就如梭了，时间就如白驹过隙了。毕业四年有余，建树寥寥，但扪心自问仍觉初心未忘，希望能在这古都汴梁、铁塔湖畔、百年河大实现属于我自己的中国梦！

王　昕
2020年12月21日于开封